活力·幸福教育

——九年一贯制学校高效管理的探索与实践

郑明祥◎著

吉林人民出版社

图书在版编目（CIP）数据

活力·幸福教育：九年一贯制学校高效管理的探索
与实践 / 郑明祥著. — 长春：吉林人民出版社，
2020.8

ISBN 978-7-206-17405-6

Ⅰ.①活… Ⅱ.①郑… Ⅲ.①学校管理—研究—中国
Ⅳ.①G47

中国版本图书馆CIP数据核字（2020）第145887号

活力·幸福教育——九年一贯制学校高效管理的探索与实践

HUOLI · XINGFU JIAOYU——JIUNIAN YIGUANZHI XUEXIAO GAOXIAO GUANLI DE TANSUO YU SHIJIAN

著　　者：郑明祥　　　　　封面设计：言之凿

责任编辑：郝晨宇

吉林人民出版社出版发行（长春市人民大街7548号　　邮政编码：130022）

印　　刷：北京政采印刷服务有限公司

开　　本：787mm×1092mm　　1/16

印　　张：13.75　　　　　　字　　数：248千字

标准书号：ISBN 978-7-206-17405-6

版　　次：2022年6月第1版　　印　　次：2022年6月第1次印刷

定　　价：45.00元

如发现印装质量问题，影响阅读，请与出版社联系调换。

　　我是在2019年的广东省基础教育信息化应用典型案例培训会上认识郑明祥校长的，他在会上展示了茂名市龙岭学校申报"全国基础教育信息化应用典型案例"的障碍与解决方法，令我印象非常深刻。在后来的交谈中，我逐步了解了这个学校和郑校长这个人。他很坦诚地与我交流心得，让我了解他的一些办学思想，后来他说他准备出一本专著，请我帮他写序。看了他发给我的书稿后，我觉得他的想法独特，同时我也认同他的想法，便答应了这事。

　　茂名市龙岭学校作为一所开办仅11年的学校，近5年来发展快速，现已成为全国基础教育信息化应用典型案例学校、广东省教育信息化中心学校、茂名市创建广东省教育先进示范学校。学校取得如此突出的成绩离不开一位好校长的领导，一位好校长培育一所好学校。郑明祥校长善于抓住问题的关键，以问题为导向，实施科研兴校的战略。他以他现在所在的学校为研究对象，以学生为主体，针对九年一贯制学校管理出现效率低下的问题，申请立项"九年一贯制学校高效管理探究与实践"的省级课题，并获得优秀等次结题。郑校长在研究中提炼了"全面发展乐成长，个性创新活成才"的先进办学理念，用先进的理念引领学校的发展。他的理念惠及学校里的所有人，使所有人得到全面的发展，做到以人为本。同时，他抓住学校发展的主要矛盾，通过国家课程和校本课程的有机实施，培养学生个性，挖掘教师的专长，使学生乐学、教师乐教。在这样的氛围下，学校很快就打造出自己的特色，树立自己的品牌，短短的几年间名气大增，成为当地义务教育的一面旗帜。

　　郑校长抓住了国家教育信息化发展的大机遇，勇于改革创新，以教育信息化为突破口，打造学校的特色品牌。他在这本书中提到的全国基础教育信息化应用典型案例，是一个花小钱、办大事的教育信息化建设与应用典型案例，已经在"全国教育管理信息化建设与应用培训会"等多个培训会上分享，并向全国推广。该案例以问题为导向，深挖学校在推进教育信息化建设与应用过程中的困难，并通过分析每个困难产生的原因，采取行之有效的对应措施，取得良好的成效，社会影响深远，很值得借鉴和学习。除此之外，他在这本书中，还提供了很多其他案例，如《学校管理案例》《五年发展规划》《茂名市龙岭学校初中数学、英语分层走班制教学实施方案》《教育信息化行动改进计划》等，这些都是学校管理中值得借鉴的成功方案。

《活力·幸福教育——九年一贯制学校高效管理的探索与实践》这本书以科研兴校，问题课题化；文化治校，文化行为化；师资强校，教师专业化；立德树人，育人全程化；聚焦"两课"，教育优质化；特色美校，办学个性化；科技助校，教育信息化；制度护校，管理精细化；家庭联校，教育立体化；内外交流，教育国际化等立体的管理模式为宗旨进行深刻思考与探索，设计出比较完善的学校高效管理架构，对其他新校长或新学校来说，具有积极的借鉴作用。

《活力·幸福教育——九年一贯制学校高效管理的探索与实践》这本书是郑校长在做校长实践中积极探索和思考的结晶，既有理论高度，又经实践检验。经过近几年的努力实践，郑校长领导的学校获得非常多的荣誉，如"全国基础教育信息化应用典型示范案例学校""全国基于微课的翻转课堂创新研究示范学校"等国家级奖项。这证明郑校长的探索与实践是成功的，是得到领导、社会充分肯定的。我衷心希望，郑校长在创新教育的道路上做出更大的成绩！

华南师范大学教授、博士生导师　谢幼如

2019年8月

活力绽放——探索与思考篇

幸福花开——实践与收获篇

活力绽放

——探索与思考篇

第 一 章

科研兴校，问题课题化

第一节 "九年一贯制学校高效管理探究
与实践"结题报告

"九年一贯制学校高效管理探究与实践"是经广东省教育科学规划领导小组批准为广东省教育科研"十二五"规划2013年度研究的一般项目，课题批准号为2013YQJK168。立项课题正式研究于2014年12月开始至2017年，历时3年。经过课题组全体成员和全校师生的努力，现在已经按计划完成了课题研究与实践，特提请结题鉴定。

一、课题研究背景

国务院《关于基础教育改革与发展的决定》指出："规范义务教育学制。'十五'期间，国家将整体设置九年义务教育课程。现实行"五三"学制的地区，2005年基本完成向"六三"学制过渡。有条件的地方，可以实行九年一贯制。"教育部《基础教育工作分类推进与评估指导意见》提出："2005年前，现在义务教育阶段仍实行'五三'学制的地区基本完成向'六三'学制或九年学制过渡，逐步推进九年一贯制，带动中小学建设的整体和均衡发展。"

2010—2013年间，茂名利用原有优秀初中的社会效益，通过合并办成九年一贯制学校以扩大部分义务教育阶段学校优质资源的覆盖面，从而实现茂名教育的优质、均衡发展。据统计，茂名地区市直属学校有小学、初中共17所，其中九年一贯制学校就有5所，所占比重较大。然而现在，茂名地区在九年一贯制学校高效管理的课题研究上还是空白。

我校是在2007年经茂名市委市政府批准创办的一所公办九年一贯制学校，现有教学班87个，教师252人，学生4766人，是茂名市办学规模较大的学校。经过多年的建设和发展，我校充分发挥九年一贯制学校的优势——硬件资源共享、教师资源整合、课堂教学取长补短等，学校建设已经形成基本规模。教育教学质量不断提高，社会效益不断显现，学校正步入黄金发展期。但是在九年一贯制学校的管理过程中，由于缺乏先进理念的引领和完善的制度保障，教育教学还处于较低水平，而管理体制问题凸显也影响着整个学校的管理效率，阻碍了学校的进一步发展。因此，学校通过该课题的研究来调动和激发学校、教师和学生三位一体发展的积极性、主动性和前瞻性，大胆进行改革和探索，完善各项规章制度，提高管理效率，实现学生的个性化培育，教师的专业化成长和学校的优质化发展。

二、课题研究的目标

（一）构建先进的学校文化，引领学生、教师、学校健康发展

通过课题研究和提炼，构建学校的文化框架，提出先进的办学理念，并在全校师生中形成共识，把办学理念内化于心，外化于行，引领学校全面发展，引导教师规范教育教学行为，使教育教学行为从被动行为走向自觉行为，从而实现文化管理。

（二）建立和完善管理制度，规范学校的管理行为

通过课题研究，针对学校管理出现的问题和困惑，寻求破解对策，完善制度管理，做到依法治校，实现学校管理的规范化、精细化、高效化。

（三）以校本课程为突破口，形成学校的办学特色

根据学校的现状，开发和推出校本课程，发展学生个性，满足学生的全面发展要求，提升学生的核心素养，促进教师的特长发挥，形成学校的办学特色。通过课堂改革，实行分层走班制课堂教学，做到因材施教，实现高效课堂。

（四）探索教育信息化，建设"互联网+"智慧校园

通过建设和使用绿色、高效的公共服务平台，实现网上办公、教研等校务运作；实现办公高效化、无纸化；实现教学智能化、个性化；实现家校互动随

时化、可视化。

（五）出版管理论文集

总结记录"九年一贯制学校高效管理探究与实践"课题的研究报告，收集整理主持人及成员在管理、德育、教学及教研等方面的研究论文、经验及做法、成功案例等，为学校可持续发展和其他学校的发展提供参考借鉴。

三、课题研究的主要内容及做法

本课题主要从九年一贯制学校的文化一体化构建、德育系统化规划、课程资源整合、后勤保障、制度建设和师资队伍建设、课程安排和课堂模式构建等方面进行研究。

（一）强化教育管理理论水平，提高课题的研究水平

在茂名市教育局教育教学研究室的指导下，课题主持人郑明祥校长带领课题组成员不断加强关于教育教学管理理论知识的学习。其中，课题组全体成员集中学习了《基础教育课程改革纲要》《新课程标准》《中国教育史》等有关教育管理理论书刊，有效地提高了教育管理理论水平，为课题研究的开展与实施奠定了坚实的理论基础。

在课题立项前后，课题主持人郑明祥校长组织课题组核心成员走访了全国多所九年一贯制学校，通过在兄弟学校的交流调查，课题组分析了九年一贯制学校的优劣所在，明确了本课题研究的方向和主要内容。

（二）立足实践，展开研究

制定课题研究实施方案，明确课题研究方向后，课题组将研究的各项内容落实到实践中去论证，并不断反馈、归纳、总结。

1. 构建学校文化，引领学校发展

在办学实际中，文化的引领非常重要，它是在办学理念、共同愿景、学校制度、环境建设等综合影响下形成的学校师生所认同的较为稳定的行为习惯。学校文化的塑造，有着其他要素无法替代的功能。通过提炼特色"龙"文化（如图1），梳理"幸福教育"脉络图（如图2），确定龙岭学校的文化之"魂"，在此基础上，夯实学校的文化基底，以明确的办学理念、一训三风等文化之根，丰实学校教育教学行为之肌理。

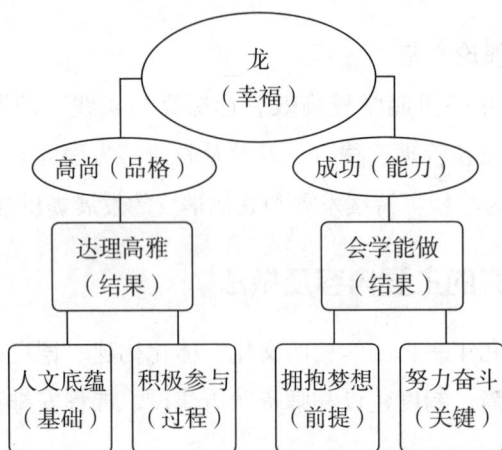

图1 "龙"文化的构建图

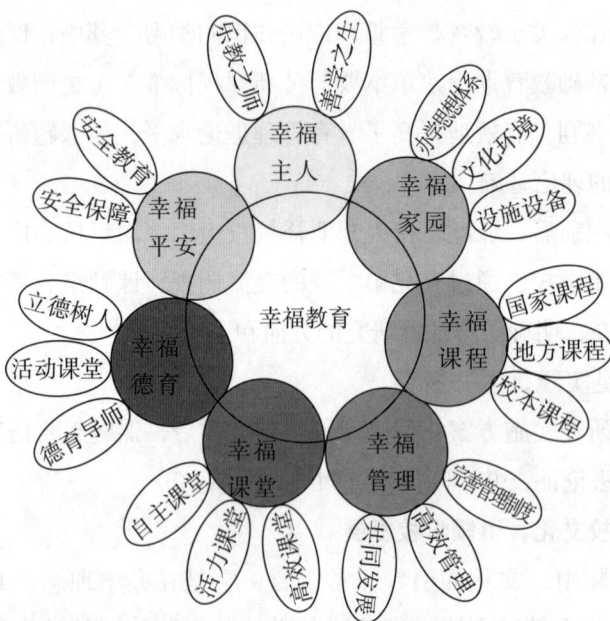

图2 茂名市龙岭学校幸福教育脉络图

注：幸福教育由七部分组成，这七部分是紧密相连的，赋予七种颜色，表示幸福教育是多彩的，幸福教育可以奠定多彩幸福的人生。

（1）形成一体化教育办学理念，九年一以贯之

苏联教育家苏霍姆林斯基说过，"校长对学校的领导，首先是教育思想的

领导，其次才是行政上的领导。"这表明"虚"的"理念"领导其实比"实"的"行政"领导更重要。一个优质的学校，必须有一个先进的办学理念，由办学理念指导学校的一切教育教学行为。

结合我校实际，经过课题研究和反复讨论推敲，我校现已形成一套一体化的办学思想体系：

办学理念：全面发展乐成长，个性创新活成才。"全面"包含两层意思，一是指学校、教师、学生等主体的全面，二是指主体发展的全面；"乐成长"是指教师、学生在身体、心理等方面都能健康成长；"个性"是指学校有特色、教师有专长，学生有特长，都有个性化的发展；"创新"是指学校不断改革创新，教师勇于开拓进取，学生善于发现新问题、新规律，培养创新、创造的精神和能力；"活成才"包含两层意思，一是不死读书，找到适合自己的学习方法，二是鼓励学生根据自己的兴趣爱好在各行各业都能成才。整个理念也有"先成长，再成才"之意。

校训：崇真、扬善、尚美、领先。崇真，是指做人态度真诚，学习追求真理，做事遵循规律；扬善，是指有善心，行善事，做好人；尚美，是指心灵美，语言美，行为美；领先，是指敢为人先，勇于创新，追求卓越。

校风：文明、和谐、拼搏、创新

教风：博学、严谨、善导、高效

学风：勤奋、善思、进取、感恩

共同愿景：培养活力少年，创建幸福乐园。一是指教师、学生在学校读书有幸福感，二是幸福的源地，在龙岭学校读书，是奠定终生幸福的基础。

龙岭精神：努力拼搏，不断超越，追求卓越。

（2）营造文化环境氛围，彰显文化育人功能

九年一贯制校园文化对学生的影响是一生的，从小学一年级到初中毕业，学生的价值观、行为习惯都在这九年中扎根。因此，我校非常重视学校显性和隐性的一体化校园文化建设。建设主题分明、区域清晰的文化长廊，让学校里的每一栋楼、每一堵墙、每一个柱子、每一棵树等都会说话，达到"一物一景象，一景一文化"的程度。一体化校园文化的创建，使学生在潜移默化中形成高尚的伦理道德观、人生观和价值观，学会生活，学会学习，学会合作，学会做人。

此外，为让一体化校园文化发挥其最大效益，针对各学段学生年龄特点和班级实际，循序渐进地对学生进行影响渗透。我校通过每学年的班级文化建设比赛活动，促使各班学生树立"我的教室我做主"的主人翁意识，在班主任和家长委员会的指导和带领下，群策群力，充分发挥想象力和创新能力，全面细致地营造富有特色的班级文化氛围。各班级文化内容在学校的宏观指导下，涵盖了学校的文化价值、学科知识、个性化展示等方面内容，融教育性、知识性和艺术性为一体，真正做到了"一班一品牌，一室一特色"。

（3）制定一体化育人目标，培养健康活力少年

我校有着明确的素质教育目标和思路，即"一项特长、两个健康、三个文明、四个学会"。

"一项特长"：我校以"课程育人，兴趣养人"为指导思想，根据学生个性发展的需求，创设多元校本课程，让学生根据个人兴趣爱好，选修校本课程。通过校本课程的实施，帮助学生掌握和发展一项特长。到目前为止，我校已经开发和实施的校本课程达到40多门，出版校本教材16套。

"两个健康"：我校一方面通过"阳光运动一小时"等活动，提高学生的身体素质；另一方面通过建立德育导师制、开放心理咨询室、定期举行心理健康知识讲座、加强家校合作等，培养学生健康、阳光的心理素质。

"三个文明"：我校通过主题班会课，分区域、分主题的校园文化设置，温馨的警示语，熟悉的名人名言，使广大师生在潜移默化中提升品德修养，塑造健全人格，树立正确的伦理道德观和人生价值观，从而不知不觉地做到"讲文明语，做文明事，当文明人"。

"四个学会"：学校全面实施国家的教育方针，通过校本课程的实施、校园文化和班级文化的熏陶、各类主题班会和团队活动的开展，帮助学生培养兴趣爱好，锤炼品格，掌握知识，发展特长，锻炼能力，促进学生全面发展，进而帮助学生"学会生活，学会学习，学会合作，学会做人"。

2. 建立和完善管理制度，规范学校的各种管理行为

由于学校的制度不健全，也没有完整的制度照搬，各部门无章可依，分工不明，校长在常态常规的工作处理上耗时耗力，降低了领导核心的决策驱动力，学校的管理工作不规范导致部门工作处于被动状态，管理效率相当低下，效果也很不理想。为了使管理规范化，提高管理效率，做到事事有人管，人人

有事干，我校开始了制度建设，分配确定部门职能与分工，致力把每一项管理细节落实到专岗专人。

（1）制定和通过学校章程。学校的章程是学校的"宪法"，要通盘考虑其制度的制定，所以，我们花了很多的时间来构建学校章程。学校章程的形成经过"三会三过"，广泛征求意见，广纳良言，充分发挥群众的智慧。首先，成立章程起草委员会，负责起草学校的章程，经过反复修改，交由起草委员会审核。其次，把章程草案交校务会议讨论，提出修改意见，形成共识后，表决通过。最后，把章程草案交全体教工大会审议，征求广大教工的意见，修改后，全体教工大会表决通过。这样一部具有纲领性、规范性的章程便完成了，为学校依法治校、制订其他制度提供了依据。

（2）制定各部门、各领域的管理制度。要使管理形成一种自觉的行为，管理制度就要精细化，做到每一个领域、每一件事、每一个人都有管理的依据，并以此规范各种教育教学行为，从而使学校高效运行。校长室负责分工和制定《茂名市龙岭学校部门职责》，各功能室负责研究和制定部门管辖的制度，如办公室制定《茂名市龙岭学校教职工绩效奖励办法》《会议制度》《龙岭之星、优秀教师、班主任评选办法》《年度考核办法》等，教务处制定《茂名市龙岭学校课堂管理办法》《教案、作业管理办法》、各功能室管理制度等，政教处制定《茂名市龙岭学校学生一日常规管理办法》《茂名市龙岭学校安全制度》《茂名市龙岭学校学生奖惩办法》《茂名市龙岭学校值班制度》等，教研室制定《茂名市龙岭学校教育教学研究管理办法》等，体卫艺处制定《茂名市龙岭学校体育健康和艺术教育实施办法》《茂名市龙岭学校卫生管理办法》等，团委制定《茂名市龙岭学校学生干部管理办法》《团员管理办法》《社团管理办法》等，织密管理制度网，使管理制度横到边、纵到底，做到全面管理、全程管理、全员管理，不留任何管理死角。

实践表明，学校健全各种管理制度，能推动学校的管理工作有条不紊地进行，为管理者减负，为管理工作提速，使部门工作从被动走向主动，师生行为由被动走向自觉。

3. 聚焦"两课"，形成特色，提高教育教学质量

"两课"指课程和课堂，这里所指的课程包括国家课程、地方课程和校本课程。九年一贯制学校因没有自身的课程体系，学校的课程种类繁多，教师编制少，在一定层面上增加了教师和学生的负担。因此，学校迫切需要与之对应的国家和地方课程体系、相配套的教材和评价机制，整合资源，进行课程和课堂改革，规划九年的校本课程，从而革除重复教育、效率低下的弊端，促进九年一贯制学校的发展。为此，我校成立课程中心，负责"两课"改革，由课题主持人郑明祥校长任中心主任，课程中心下设德育课程部、国家课程部和校本课程部。

（1）德育教育课程化。我校除了以小学思想品德课、初中政治课教学为主阵地，在学科教学中渗透德育教育外，学校德育课程部还根据学校的文化和办学理念，制定了每个年级德育目标，丰富德育内容，创新德育模式，把德育提升为具体课程，开发系列一体化德育课程。到目前为止，我校德育课程部已开发了文明礼仪系列课程、感恩系列课程、安全文明系列课程、良好行为习惯课程等。这些德育课程除了在每周的班会课和每学期既定的德育活动上实施外，还在各学科课堂中渗透，做到全程育人、全员育人。学校还通过给学生推送"茂名人人通"平台上的各种德育小视频，使德育可视化、网络化，提高学生的学习兴趣，进一步进行德育课程渗透。另外，在每个寒假、暑假，学校也给学生布置定量的特色德育作业，要求学生在"茂名人人通"平台的微博展示作业成果并进行点赞评比，使德育课程效果得到强化。

（2）国家课程校本化。国家课程校本化是课堂教学质量的重要保证，是因材施教的重要途径。开展课题研究以来，我们积极探索出实现国家课程校本化的四种途径：

① 关注学生的核心素养，国家课程校本化。学生核心素养是一个全新的概念，要使国家课程校本化，首先要厘清各学科的核心素养所指，这样才能在国家课程校本化中有的放矢。为此，全校各科积极进行学科的核心素养研究，拟好内容，结合本科的学生实际，对国家教材进行校本化的开发，使教学个性化，授学针对化。

② 构建学科的校本管理机制，加强学习型组织的建设。为了促进小学、初中国家课程条线的整体化，我校在积极探索学科体系的基础上，构建了"教研室（教务处）—学科组—科任老师"纵向系列的学科校本管理模式。目前，我校在美术、音乐、体育和信息技术方面已经基本做到学科体系整体化建设和管理。以上科组的教师都进行了学段"交流制"或小学和初中"跨级教学"活

动。由于国家二胎政策的开放，教师紧缺，我校语文、数学、英语等学科的教师学段"交流制"未能铺开实施，但是我校通过教育信息化手段，以科组研讨和集体备课活动为载体，通过微信群平台，利用"有道云笔记"、直播课堂等方式分享集体备课的内容或实录研讨课，初步形成了别具特色的教研网络管理和研讨氛围。另外，我校每学年开展学科组听课评课活动、教师课堂技能比赛等，要求小学、初中教师互相听课不少于10节，切实加强了小学教师和初中教师的相互交流。

③ 推进集体备课，发挥集体智慧，在严格执行国家教学要求的前提下，通过调、增、降、融四大手段对国家课程内容进行二次备课，形成符合我校学生实际的校本电子教案（含教案设计、学案、配套课件、作业和视频、音频等教学资源）。"调"就是教师根据学生现阶段的兴趣点，或响应学校开展的相关活动，或反应当下发生的重大事件，适当调整教学内容的顺序；"增"是根据学生的理解能力和年龄特征，结合当前的核心素质培养和当下的热点话题等适当增加教学内容；"降"是在教学要求范围内，根据学生的实际情况适当地降低教学起点、教学内容难度、作业难度等；"融"就是有机地将德育教育、学校文化教育融入学科教学。

④ 遵循学科性质特点，有针对性地实施英语、数学课程改革。首先，不在小学一、二年级开设英语课，通过稳步扎实地完成低年段学生以认读汉字为主的教学任务，突显汉语作为母语的尊严和地位。其次，从初一开始，根据学生学习能力的差异，实施数学和英语分层走班教学制度，针对学生的最近发展区创设条件，适应学况，培养学生的学习兴趣，帮助学困生树立信心，提高学生的整体学习成绩。

（3）校本课程兴趣化。《基础教育课程改革纲要》中指出：学校在执行国家课程和地区课程标准的同时，可以综合本校的传统和优势、学生的兴趣和需要，开发或选用适合本校的课程。校本课程是国家、地方课程的有益补充，是本次课程改革提出的新内容。我校根据学生发展核心素养，开发相应的校本课程，形成一个体系。

表1　茂名市龙岭学校学生核心素养分解表

核心素养分解			对应校本课程和措施	对应年级
学生发展核心素养	文化基础	人文底蕴		
		人文积淀	国学经典诵读、"三个文明"教育、课堂渗透等	1~9年级
		人文情怀	主题班会、爱心帮扶、课堂渗透等	1~9年级
		审美情趣	"三观"教育、艺术节、课堂渗透等	3~9年级
		科学精神		
		理性思维	开心数学、课堂渗透等	2~9年级
		批判质疑	辩论赛、模拟法庭、课堂渗透等	4~9年级
		勇于探究	科技制作、课堂渗透等	3~9年级
	自主发展	学会学习		
		乐学善学	"我读书,我快乐"教育等	1~9年级
		勤于反思	经典诵读,写读后感、课堂渗透等	4~9年级
		信息意识	课堂渗透	2~9年级
		健康生活		
		珍爱生命	安全文明教育	1~9年级
		健全人格	"三观"教育、德育导师制辅导	3~9年级
		自我管理	班级、年级和学校的自我管理	3~9年级
	社会参与	责任担当		
		社会责任	志愿者活动、义捐活动等	3~9年级
		国家认同	升国旗、唱国歌、主题活动等	1~9年级
		国际理解	国际课程与交流	5~9年级
		实践创新		
		劳动意识	安排卫生劳动等	2~9年级
		问题解决	社会实践活动、课堂教学	3~9年级
		技术运用	科技创新节活动、创造发明、云课堂作业等	4~9年级

2014年9月以来,我校校本课程部落实"全面发展乐成长,个性创新活成长"的理念,根据学生的兴趣爱好,分别在人文底蕴、科学精神、学会学习、健康生活、责任担当、实践创新领域开发学生喜欢的校本课程(表1),培养学生适应终身发展和社会发展需要的必备品格和关键能力。到目前为止,我校共开发了"国学经典赏识""开心数学""科技创新""3D打印""民间剪纸""篮球""排球""武术""口才与演讲"等40多门校本课程,编印16本系列校本实验教材,满足学生的兴趣需求。另外,学校通过阅读节、科技节、体育节、艺术节等载体,结合社团活动,为学生搭建个性张扬和发展的舞台,培养综合能力。

4. 教育信息与教育教学深度融合，建设"互联网+"智慧校园

随着现代信息技术和互联网的使用在教育领域的推广与普及，教师教的方式、学生学的方式、学校管理的方式、家校互动的方式正在接受着现代信息技术和互联网的洗礼，发生着重大的变革。我校抓住机遇，顺应潮流，依托信息化的优势，建设现代信息教育平台，充分发挥"互联网+"的强大功能，建设"互联网+"智慧校园，全面提高学校教育教学和管理的效率，全面提升办学层次。

（1）"人人通"+安全，织密防网。学校利用"人人通"平台，定期组织和动员全体师生、家长利用安全教育信息化平台学习校园安全课程，努力营造人人关心学校安全、时时关注学校安全的浓厚氛围。同时，正确引导和处理学生与网络的关系问题，用疏导引解取代强行限制，通过视频故事让学生认识到网络上存在的陷阱，理智地对待各种诱惑，抵制不良思想的侵蚀，懂得分辨基本的对与错，增强网络道德意识，提高网上对善恶美丑的辨识能力。

（2）"人人通"+德育，趣味实效。学校通过"人人通"开办网上家长学校，定时向家长们分享育儿心得，安排班主任和德育导师进行网上"家访"，鼓励家长参与学校管理，实现家校联教；利用现代技术，把原来枯燥无味的德育课程可视化、趣味化，增强德育效果。例如通过可视化的教育和撰写心得的方式培育和践行社会主义核心价值观教育，收到良好的效果。通过"人人通"平台，布置校外的德育实践作业，并在平台上进行共享共议，效果非常显著。例如"三八妇女节"，学校布置感恩母亲的行动作业，家长纷纷把自己孩子的行动晒在"人人通"微博广场上，教师和学生纷纷点赞，引起了良好的讨论，得到热烈的反响，正能量和正确价值观正在默默地影响着全校师生和家长。

（3）"云课堂"+教学，高效智能。利用"云课堂"，学校实现了优质资源共享，使全校师生随时随地利用网络资源教学。利用"云课堂"，学校实现了课堂翻转，培养学生自主学习能力。课堂上，学生抢答、线上讨论等方式，活跃了课堂气氛。通过大数据和云算技术，教师能及时掌握学情，及时解决存在的问题，提高了课堂效率，增强了教学效果，提高了教学成绩。同时，学校收集了全校学生在校读书的学习大数据，记录学生的学习成长。教师可以个性化地分析每个学生的学习成绩走势，做到因材施教。教育信息化的应用，培养了学生自主学习、个性化学习、发现问题、分析问题、解决问题和创新创造的能力。

（4）"公共服务平台"+管理，高效环保。学校运用互联网思维开展工作，实现了绿色、高效办公的目标。OA系统实现了登记、流传、保存线上运作等一系列的功能，减少了很多人工环节，还能准确记录流转的经办人及流转时间，绿色、方便、高效。为了便于管理，全校教工各自开通一个账号，教工请假、出差、设备报修等一站式完成，校长对全校的状况一目了然，提高了校长的工作效率。

（5）"云可视"+管理，运筹帷幄。利用"云可视"平台，校长和其他管理人员在办公室，用电脑或手机就可以选择听任何一个班的课，对全校每个角落的动态进行网上巡查，加强管理人员对课堂和校园动态的实时管控，做到运筹帷幄。

5. 实行条块模式的行政管理，发挥师资队伍整体优势

真正的九年一贯制学校并非简单地将一所初中与一所小学合二为一，更不是两个学校在升学上的对口挂钩，成为联合体。它应该是从小学到初中形成一个统筹系统，融合成一个办学整体。为此，我校在行政管理上，彻底打破中小学界限，实行条块结合管理模式，该统则统，该分则分。

（1）学校名称统一，对外挂一块牌子，对内分为一年级到九年级。学校领导班子统一，校长1人，副校长3人，设办公室、教务处、政教处、教研室、体卫艺处、团委和少先大队部，各配主任1人和副主任2人，干事1~2人。

（2）运行机制条块结合，九年一贯。学校把具有共性的工作统一管理，如统一规章制度，统一财务管理，统一工作安排（包括政治学习、业务培训学习、作息时间和课间操等），统一学校德育、后勤工作，统一评优评先、教师职称评定等。针对中小学教育教学工作的差别，分成中学部、小学部管理，如教学常规工作检查，教师工作量核实、教学评价等都是分开组织。在管理中，始终坚持九年一贯的原则，如各部门规章制度、管理者职责、教职工考核及评估办法、各项工作的规范与要求、学校的校风学风、师生在校常规、安全系列制度等，均实行九年一贯，整体规划，要求德育、教学、教研、科技文体的各项活动都要符合学校的整体培养目标，组织上分步、分段落实。

（3）协调矛盾，发挥师资队伍整体优势。在加强教师的磨合，形成团结和谐的校风，消除教师对彼此工作认识存在偏差的问题上，我们大胆实行"中小学一盘棋"的方略，采用"优势互补，互相渗透，优化整合师资队伍条件"的方法。

① 我们建立每月一次全体教师工作会议、一次全校班主任工作会议、一次全校学科组长和备课组长工作会议，每学年小学部和初中部互相听课不少于10节等管理制度，打造教师互相认识，彼此工作熟悉，互相交流、探讨的平台。

② 我们把中小学音乐、美术、体育、信息技术等学科的教师交替调配，既有利于资源的优势互补，又有利于增进教师对彼此学科的了解和熟知。

③ 在福利分配上，我们按"整体规划，优劳优酬，多劳多得"绩效原则实现一体化管理，有效遏制了因分配不均而带来一系列矛盾等问题的产生。

④ 在师资培训方面，我们采取轮流外派培训学习的原则，力争两年内每位教师都有至少1次外出学习机会，做到学习机会人人平等。

四、课题研究的成果与影响

经过两年多对九年一贯制学校高效管理的探索与实践，我校完全实现了课题目标，收获了丰硕的成果，在学校、地区乃至整条教育战线都引起了强烈的反响。

（一）成果

1. 构建学校的特色文化——"龙"文化

挖掘龙文化的核心价值——高尚和成功，研究和总结出龙文化的表现结果——达理、高雅、会学、能做，研究龙文化的行为体现——幸福教育，它由幸福主人、幸福家园、幸福平安、幸福德育、幸福课程、幸福课堂、幸福管理七部分组成，从文化层面建立了学校的育人目标，设计了学校的管理架构，把学校管理上升为文化管理。

2. 课题研究论文集《九年一贯制学校高效管理探究与实践》

论文集收录了一个国家级优秀案例《破解教育信息化困境，创建"互联网+"智慧校园》，一个省级优秀案例《创设多元校本课程，提升学生核心素养》，还有"九年一贯制学校高效管理探究与实践"课题的研究报告，以及主持人、成员在管理、德育、教学及教研等方面的研究论文，其中经发表的论文十多篇，为学校的管理提供了成功方案。

3. 研究并实施行之有效的课程和课堂改革方案《增强课程领导力，提升学生竞争力》

学校通过制定课程和课堂改革方案，有效推进课程和课堂改革，探索国家课程、地方课程和校本课程并用的模式，开发校本教材，发展学生个性，全面实施素质教育。根据学生的基础，研究实施分层走班制的课堂组织模式，探究学生自主学习的翻转课堂教学模式。

4. 探索和总结《破解教育信息化困境，创建"互联网+"智慧校园》成功案例

通过探索和实践，学校探索出一条欠发达地区的教育信息化成功之路，并把它形成案例《破解教育信息化困境，创建"互联网+"智慧校园》，成功入围2017年全国基础教育信息化应用典型案例，并在教育部举办的全国教育信息化建设与应用培训会上做报告推广，为其他学校和地区提供借鉴。

5. 编写《茂名市龙岭学校制度汇编》

制定《学校章程》，编撰和完善各种管理制度十多项，使依法治校成为实实在在的行为，实现精细化管理。

（二）影响

研究成果解决了九年一贯制学校因除校长外其他管理基本上都是两套班子而出现的中小学"两张皮"问题，扭转了管理效率低、课程设计和实施不连贯等劣势局面，突破了课程和课堂改革瓶颈，提高了管理效率。

近三年来，通过科研推动学校快速发展，学校正由规模型学校向优质型学校华丽转身，教师乐教、学生乐学的局面正逐步形成。2016年，茂名市龙岭学校被评为"全国基于微课的翻转课堂创新研究示范学校""广东省基础教育改革实验基地学校"；2017年被评为"全国基础教育信息化应用典型示范案例学校"；2018年被评为"广东省基础教育'基于微课的翻转课堂创新研究项目'实验基地学校"。除此之外，2015至2017年间，学校还先后荣获"广东省安全文明校园""广东省教师信息化提升工作示范学校""茂名市培育和践行社会主义核心价值观示范学校""茂名市特色学校""茂名市心理教育特色学校"等20多项市级以上荣誉称号，教师的专业素养得到充分发展，学生的综合素质得到全面拓展。

研究成果得到迅速推广，本地区新建的九年一贯制学校大部分是以我

校的办学模式为范本。学校办学成绩得到上级领导和社会各界的高度认可。2016年，省、市领导先后莅临我校调研和指导工作，对我校的办学特色和办学业绩给予了高度评价，教育部教育信息中心处长专程带领教育部工作者和省相关人员到我校进行听课调研。主持人郑明祥先后在2018年的"全国教育信息化建设与应用培训会"，2017年的"广东中小学特色教材成果交流会""高峰论坛"和"茂名市教育创现'走听看想'现场会"，2016年的"茂名市教育改革高峰论坛""茂名市教育教学年会""茂名市教育信息化现场会"等做经验交流报告二十多场；在《广东教育》等专业杂志上发表论文十多篇。谭海老师的"活力智慧课堂"在2016年的"广东省基础教育信息化应用现场会"上公开展示。2015至2017年间，多家主流媒体对我校的办学特色和经验进行了报道推广。河北省唐山市开滦十中、广西梧州教育局、云浮教育局、岭南师范学院、梧州市第一中学、茂名市第一中学等100多个团体超3000人次先后到学校参观学习。学生和家长对学校的满意度均在98%以上。

五、研究存在的问题和今后的打算

经过近3年的研究和实践，学校完成了高效管理研究的各项任务，提高了管理效率，提升了教师的业务水平和能力，提高了学生的综合素质。但同时也存在很多有待改进的地方。

1. 存在的问题

（1）实施精细化管理后，管理的原始数据大幅增多，而处理和应用好这些大数据的对策和措施相对滞后。

（2）中小学教师的职称评比和聘用问题还没有形成统一的机制，制约着学校用人的灵活性。

2. 今后的打算

（1）针对研究中存在的"关于处理和保存管理数据"的问题，学校将建立一个操作方便、功能齐全的统一管理平台，用于收集、处理和保存管理数据，减少管理的中间环节和处理环节，减小人力消耗和传输误差，提高分析和运用大数据的能力，精准把握管理实施状况和学生学况，实现教育教学和精细管理的全面信息化。

（2）大胆探索校内的新用人机制，制订校内的统一激励机制，灵活使用全校的教师资源，激发九年一贯制学校的师资活力，为办好义务教育全学段学校探索更多新方法、新路子。

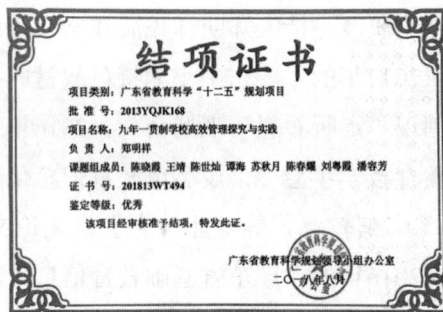

图3　省一级课题结项证书

第二节 "基于微课的翻转课堂教学模式创新应用研究"成果报告

在以大数据、云计算为代表的信息技术时代，翻转课堂、微视频、平板电脑等信息技术不断影响着传统课堂教学。未来课堂教学，无论是在教育观念上，还是在教学结构上，都将落实"以学定教"的思想理念。探索并采用有效的教学策略和教学方法，形成实用高效的课堂教学模式，已成为我校教学研究和改革的重要内容。

在信息化的社会环境中，学校教育的教育理念、教学目标、教学模式、教学媒介等诸多方面都发生了翻天覆地的变化。在这场巨大的变化中，教学模式的创新当属变革的核心，具体表现在基于班级授课制、强调知识传递、以教定学的知识传授模式逐步让位于基于信息化环境的强调以问题为中心、以学为主的整合探究模式。我校把翻转课堂与正火热的云计算技术相结合，创建了"校园云"等云教育平台，大大促进了师生之间的互动和交互。其实施涉及诸多科目，规模宏大，效果显著，受到国内教育专家的密切关注。

一、项目现状背景分析

1. 释义

"基于微课的翻转课堂"是指教师制作教学微视频，学生在家或课外观看视频讲解，然后再回到课堂中进行师生、生生间面对面地分享交流学习成果与心得，以实现教学目标为目的的一种教学形态。

翻转课堂是将学生的学习放在课外，学生在教师微视频的指引下，通过自主学习，完成教师设计好的课前学习任务的一种授课方式。这些任务是经过精心设计的，分解了教学目标。通过课前学习的反馈，教师了解了学生的学习状况和困难所在，再有针对性地设计课堂教学内容，决定教学节奏，学生课内完成作业、测试，并有针对性地交流讨论、拓展练习、小组合作或者进行项目学习，完成知识的建构、吸收和内化。

翻转课堂是一种自主学习模式，培养了学生的自主学习能力，实现了个性化学习，使掌握学习法得以真正实现。它可以让学生按自己的时间、节奏去合理安排学习时间，不用像在传统教学中，被迫跟上班级群体的学习进度。翻转课堂利用科技实现了一对一学习，同时也让学生在不懂的时候，有足够的时间去反复观看视频，有足够的时间去思考、接受新信息，根据自己的实际情况把握学习进度。

2. 项目开展的意义

茂名市属于广东省经济欠发达地区，教育信息化一直很落后。但是，近年来，随着茂名市教育创现工作的开展，教育信息化各项建设的纵深发展，我校成为全市第一个实现学校教育光纤专网100%接入、数字化校园网100%建成的学校。

长期以来，我们都要求学生要自主学习，但限于条件，教师很难指导和监测学生的课外自主学习，学生的学习还是被动占主流，学习知识全靠书本和教师，创新思维难以培养，教师的教学模式还是以填鸭式、刷题式为主，学校的教学管理、决策还是依据随机的检测数据，这些弊端制约着学生的成长、成才，教师的专业成长及学校的健康发展。在以大数据、云计算为代表的信息技术时代，微视频、平板电脑等信息技术不断进入课堂，为教师指导和监测学生自主学习提供了条件。如何实现"人人皆学、处处能学、时时可学"和"培养大批创新人才"，是我们要研究的课题。

基于此，学校在茂名市教育局的正确领导下，审时度势，积极创新，充分结合我校教育信息化发展的现实与趋势，积极构建"互联网＋"的发展框架，于2016年依托茂名市教育局的"茂名云课堂"平台，在全市率先开发并应用了"基于微课的翻转课堂"新模式。这是茂名市应用信息技术变革传统教学工作，探索"智慧教育"的积极举措。

我校利用茂名教育局下的"茂名云课堂"，让课堂教学实现了翻转，培养了学生自主学习的能力。全校22个实验班的学生，课前观看教师发布的微课，看完微课后做课前预习测试题，然后根据测试的反馈，自主发现存在的问题，把它上传到云课堂，等待上课时和学生一起讨论解决。第二天的课堂上，学生对大家积累的问题讨论非常热烈，每个小组都展示了自己的见解，在教师的引导下，学生掌握了重点，突破了难点。这样的翻转课堂，让学生既学习了知识，也锻炼了自主学习、个性化学习、发现问题、分析问题、解决问题和创新创造的能力。

同时，云课堂平台对汇总的数据进行挖掘分析，从而针对学生的实际情况，更有针对性地提供个性化教学服务。一方面，可以让教师更为全面地了解学生的薄弱环节，因材施教；另一方面，学生可以根据平台的个性化推送，更有针对性地进行查漏补缺，切实提高学习效率。同时，该平台还会自动分析出学生知识点的短板，并推送相关知识点的视频和试题供学生学与练。经过长期、广泛的数据积累，该平台还会将自动保存的错题形成错题本，分析得出每个知识点的错误率，便于学生有针对性地复习，切实提高学习效率和教育质量。这些个性化的服务，极大地提高了平台的利用率与便民性。

二、解决问题的主要方法和措施

本项目的研究主要寻求提高学校信息化水平，提升教师信息化素养和专业成长的方法和途径，创建校本资源库和探索基于微课的翻转课堂教学模式。

（一）细化工作，保障研究项目顺利启航

自从开展项目研究以来，学校成立了以校长为组长的项目实验领导小组，制定了"基于微课的翻转课堂项目"实施细则，责任到人，明确分工；成立了由各学科组长和学科带头人组成的业务指导组，由信息技术教师组成的技术保障组。同时，对学生家长、教师分别进行了问卷调查，发放问卷3600多份，内容涉及"对微课的了解情况""家里拥有能上网的电脑、手机、平板情况""是否希望孩子参与到这种翻转课堂的学习中""有哪些顾虑和建议"等。

同时，学校落实各项后勤保障工作，促进学校的硬件建设，建设茂名市龙岭学校云课堂优质资源教学平台，为课题研究提供了强力、有效的保障。

（二）组织培训，提升教师信息素养技能

教育改革培训先行。只有在培训中让广大教师充分了解教学改革的方向与内涵，对新的教学模式与其意义产生高度的认同感和深刻的认知度，教育改革

才有可能落到实处，项目研究才有可能取得实效。

项目组组织开展了多次"基于微课的翻转课堂"研究专项培训，学校采取"引进来"与"走出去"相结合的方式，组织开展形式多样的培训，如邀请信息技术与学科专家到校为教师们做全员培训，组织教师到上海、广州等地观摩"微课下的翻转课堂"实践，参加"微课程与学科教学融合专题研修班"。

（三）立足应用，促进信息技术与学科教学深度融合

在项目实验过程中，学校克服困难，结合教学实际，立足于课堂，创造性地开展了一系列扎实而富有成效的研究工作。

1. 微课开发，资源支撑

学校高度重视微课资源的开发制作，探索建设微课录制室。学校定期开展微课制作培训和教师微课大赛，安排骨干教师、各级教师分学段、分学科制作和积累系列化微课资源，通过"微课助学"解决部分教师课堂教学能力不足的问题，打造高效优质课堂。同时，通过云平台及时向学生推送微课资源，为学生课前预习、课上学习、课后复习等自主学习活动提供丰富的资源支撑。

2. 网络教研，资源共享

学校制定电子化备课方案，利用茂名云课堂和百度云盘完成学校教育资源的建设，推进优质教学资源共享。利用茂名云课堂，实现师生"一人一号"，由学校教研室和学校信息科组负责安排和督促教师定期完善空间，加强政治、业务学习，进行课后反思，以及上传优质课件教案。各学科组长通过集体教研、研究课、同课异构等活动，组织学科教师开展同学科、同课时数字教学资源开发活动，收集推荐学科优质数字教学资源，积极参与学校教育资源库创建。各学科的备课组长负责并组织本学科教师利用"茂名云课堂"或QQ群组交流、评论、留言板等多种形式，对教师上传的教学计划、课时备课、课堂教学视频、试题、课后作业、教学反思等教学资源，进行集体备课、网络教研活动。教研室每月组织一次学科组长、备课组长会议，了解、讨论、解决网络教研问题。

同时，全校教师必须参加"晒课"，每位教师执教1个"优课"，力争我校每个学段、每个年级、每个学科至少1个"优课"推荐参与市级以上"优课"评选，推进优质教学资源共享。

3. 推广平台，加强应用

学校全体教师积极运用茂名云课堂，尽快熟悉配套的数字资源和教学工具，增强课堂教学的交互性，丰富课堂教学呈现方式，增加课堂容量，提高课堂效率。鼓励教师积极使用茂名云课堂布置作业，改变学生的作业方式，充分利用学生作业的自动批改、错题记录、成绩统计等功能。同时，利用其智能组卷功能，提高平常考试测评的命题效率和试卷质量，并结合智能组卷系统的使用，逐步熟练应用网络智能阅卷系统，实现常规考试标准化、阅卷评分网络化、成绩分析智能化，运用大数据技术提高试卷统计分析的准确性，有针对性地解决学生学习中存在的不足。充分利用智能手机、平板电脑等移动学习终端普及的优势条件，积极宣传引导学生及家长在智能手机和平板电脑上下载安装"茂名人人通""茂名云课堂"等手机App学习测评软件，通过软件提供的同步练习、知识诊断、知识卡、微课视频、课文点读、课外阅读等功能，为学生课外自主学习、作业练习、复习提高等方面提供帮助，逐步改变学生的课外学习方式。

4. 明确核心，打造高效

教学应用是课题研究的主阵地，也是本课题要解决的核心环节。学校对翻转课堂教学提出了明确的要求：学生在课外或家里按照微课自主学习，课内教师是引导者，学生是课堂的主体，教师需要做出精心的准备和细致的观察，提出主题，让学生积极讨论，通过讨论提升学生"吸收内化"的学习效益，从而提升课堂效果，提高教学质量。教学过程中，教师要关注全体学生的学习，适时介入，帮助最需要帮助的学生，对学习有困惑的学生进行一对一互动式指导，减少学生的困惑。

同时，强调翻转课堂的教学设计中，"学习任务单"是帮助学生在课前明确自主学习的内容、目标和方法的指南。在"学习任务单"的指引下，学生在课外利用微课开展课外自主学习的模式，培养自主学习能力。

课内，教师要利用"茂名云课堂"等电子平台答疑解惑，对学生进行科学合理的评价，充分利用信息化解决当前课堂中存在的问题，打造轻松愉快的高效课堂。

（四）研制模式，促进项目研究可持续发展

翻转课堂需要教学模式作为支撑，应在翻转课堂建设中探索形成尽可能多

样的教学模式，以满足教师面对不同学科、年龄段学生，不同区域和不同内容时自由选择。

两年多时间里，学校已经总结并提炼出一套"基于微课的翻转课堂"教学模式："两段五环活力课堂模式"，两段指的是自主学习阶段（课前）→合作探究、反馈阶段（课堂）；五环节指的是自主学习→小组探究→课堂探究→课堂反馈→拓展提高。

同时通过模式化表格（表1），进一步规范了"基于微课的翻转课堂"教学模式的教师与学生的活动，提高教学效率。

表1　基于微课的翻转课堂教学教师、学生活动表格

环节	教师	学生
课前	1. 课前，科任老师分好学习小组。 2. 准备微视频和课前学习单，并把其上传到云课堂上，发送作业给学生。 3. 课前检查学生的作业完成情况和收集学生的相关问题。 4. 准备堂练	1. 登陆云课堂，观看微视频，完成课前学习单（自我检测）。 2. 积极思考，利用云课堂积极进行小组讨论，积累问题
课中	1. 组织学生，小组讨论并解决课前存在的问题（包括讲评课前学习清单的习题）。 2. 教师小结，明晰知识点。 3. 利用云课堂发送堂练，并讲评	1.讨论，解决问题。 2.完成堂练，巩固知识，完成知识内化
课后	推送课后作业（或推送下一节的微视频及学习清单）	进一步巩固知识（或是进入到下一节的学习）

三、创新表现

积累了多年翻转课堂的成功经验，依托云课堂相对完善的技术支撑，我校22个教学班，近1300位学生，参加了9个科目课堂实验，该项目有以下创新表现。

（一）学生形成"茶点式"的自助学习模式

"云课堂"优质资源平台的建设，为学生提供了大量的优质学习资源、丰富的微课资源，提高了学生的学习兴趣，学生的学习态度由被动变为主动；在"云课堂"资源平台上，学生可以自由定制自己的学习形式，知识的难度、广度，试题的类型等，就像在自助餐厅里一样根据自己的口味和饥饿程度来选择菜式和饭量，让所有的学生都可以吃得好、吃得饱。这种茶点式的自助学习方式，主要是教师根据学生的发展规律设置学习任务单，由网络推送，高效环保。学生根据教师的学习引导，自主学习知识，自由自在地遨游知识海洋，自我检测问题、发现问题、分析问题和解决问题。云平台的大数据，让学生更加精准地了解自己的优势和不足，更加有针对性地学习，效果更加明显，培养了学生创新思维和创造能力等综合能力。

1. 在线学习：建构学生个性化在线学习

美国《通过教育数据挖掘和学习分析促进教与学》简报中给出了学习者自适应学习结构及数据流程，实现了数据分析显性数据和隐性数据相结合的方式，构建学习者特征模型，然后向其提供适应性的学习路径、学习对象等。同时教师也能根据考生试卷的分析结果来掌握学习者的学习行为、学习需求，实施个性化、指导干预。整个过程主要是学习者与系统、学习者与教师之间的交互学习，既提高了学生的自主学习效率，实现了教师个性化的干预、指导，又实现了系统根据用户特征适应性推送资源和信息的功能。

在项目的实施过程中，学生依托"茂名市龙岭学校云课堂"实现了在网上学习、互动、互助，同时产生的这些数据被收集，实现了自我量化。学生去记录、研究、分析自己的在线学习行为，走出错觉，认识真正的自己，提高自己。数据也可以指示教师及时调整教学策略，实施个性化指导和教学干预，有助于掌握学习者的学习规律，优化学习过程，改善学习效果，提升教育质量。"茂名市龙岭学校云课堂"构建系列化的学习资源平台，丰富的课程资源为学生的在线学习及差异化学习提供了更具针对性的学习保障。

2. 移动学习：基于大数据的个性化移动学习

数字化学习和移动技术的发展和广泛应用，推动了移动学习的兴起和发展。移动学习主要是利用移动设备的便捷性、移动性和无处不在的无线通信技术，来实现知识的传递，注重学习内容的呈现，移动学习不仅关注数字化学习的内容，还关注学习过程与结果。

学生可通过登录"茂名市龙岭学校云课堂"手机端，及时查看由任课教师推送的相应知识点的微课视频，并完成相关的练习及作业。对于答错的题目，系统还会给出答对学生的解题过程，为学生提供更为个性化的学习。更重要的是移动学习调动了学生学习的主动性，学生由"要我学"转变为"我要学"，问题意识逐渐浓厚，创新精神与实践能力得到了切实的发展。

（二）教师形成"两段五环"活力课堂模式

教师由学定教，根据学生的实际情况而进行引导，摒弃落后的填鸭式教学，提炼出"两段五环"活力课堂模式。

"两段五环"活力课堂模式，把学习知识的过程前移。学生根据指导完成学习，形成问题，在课堂上再讨论共同存在的问题、知识重点和难点，进行知识的检测，验收学习效果等。把学习主动权还给学生，让学生在质疑、探究、合作、展示等多个环节中，锻炼综合能力。这样，学生不是靠死记硬背来被动完成学习的，而是靠自己的理解和应用掌握知识。同时，教师可以根据平台的数据，精准掌握学生的学情、成绩的走势，能够做到精准辅导，因材施教。这种课堂模式大大提高了课堂效率。

1. 教师成长

项目组教师一要学习先进的教学理念和教学思想，二要学习制作微课，三要研究翻转课堂的教学设计，特别是利用现代信息技术开展微课程的研究与制作，在实践中学习、应用、研究、探索，并总结方法途径，以提升信息化素养和专业技能，促进专业化成长。教师改变了教学观，厘清了角色定位，优化了教学行为，开始顺学而导，顺势而教，因势利导，因材施教。教师的评价观也发生了重大转变，注重结果但更注重过程，关注的不仅仅是有限的知识与技能，更是在探寻过程中收获的好奇、质疑、分析、协作、反思、践行等良好的学习品质。

2. 强大的数据统计和分析功能，为教师的教学提供参考

教育数据，是记录教育信息的载体，教育数据的激增，意味着人类教育科学及管理活动的记录范围、测量范围和分析范围在不断扩大，关于教育知识的边界在不断延伸。教育数据具有越来越强的可视性、可操作性和可用性，能够越来越细致、精准、全面和及时地反映教育团体与个人的思维、行为和情感以及事物的特性和发展规律，以更加有效地为提升人类的生产力和生活质量服务。

本项目研究运用翻转课堂的教学方式，利用"云课堂"平台，对本校学生的教育大数据进行应用与实践。系统不仅可以对每次测试中的客观题、主观题、每道大题及每道小题的每个得分点提供大量样本数据，用于分析评价试

题，了解学情，因材施教，还可对每个考生的考试数据进行分析，分析出考生各科成绩的轨迹、等级、排名、知识点的掌握情况、错题中知识点的分布情况，并进行更细化的表格分析。另外，该系统还可通过对阅卷数据的综合分析及班级间的多元对比，评估教师的教学质量，及时发现教学中的优势与不足，使任课教师在教学中自我调整，真正做到以学定教，实现高效教学。

（三）学校形成大数据支撑的精准决策管理模式

一方面，学校依托"茂名市龙岭学校云课堂"强有力的数据支撑，实现了优质资源共享，构建了学生个性化的在线学习模式；另一方面，学校更是依托"茂名市龙岭学校云课堂"记录教师和学生的教学行为大数据，精准掌握每一节课、每次测试的每个教师和每个学生的数据记录。根据这些数据，学校管理者随时可以对教师的教学进行指导。通过这种精准的比较，学校管理者做出科学的决策，逐步淘汰落后的教学思想和教学行为，最终使学校的教学水平达到较高水平。

基于大数据分析的教学决策辅助功能，运用翻转课堂的教学模式，对所有学生的答题结果进行统计分析，通过应用计算机云技术和大数据分析方法，与已有全校的海量试卷信息进行横向与纵向的综合分析，对考生成绩、考生所在班级的成绩、考生所在学校的成绩等相关信息进行综合对比分析，形成该校在每次考试测评中的"成绩分析报告"，为学校修订或编制教育教学决策提供数据参考。

四、创新效果

自开展实施"基于微课的翻转课堂教学模式创新应用研究"以来，学校的教学进入了一个全新的模式，促进了学生、教师和学校的全面发展，下面是近几年来的成果。

项目的实施促进了教师的成长，改变了学生的学习方式，加强了学生的创新能力。近3年来，教师参加各类比赛屡获殊荣，其中在2016、2017年全国"一师一优课"评选中，荣获部级优课4节，省级以上优课12节，市级优课21节，成为本市获奖最多的学校，参加"中国第三届微课大赛"，5人获国家级奖；学生的整体素质和学习成绩大幅度提高，2018年的中考成绩相对于2017年大幅度提升；近3年来，在有关信息技术方面的竞赛中，获奖等次和人数都大幅提高，其中我校学生参加2017年广东省第五届模拟机器人创新大赛并包揽了中小学组冠亚军。

形成创新成果，巩固教育成效。该项目作为茂名市"教育管理变革"代表项目之一，促使2017年至2018年间学校先后被评为"全国基于微课的翻转课堂创新研究示范学校""全国基础教育信息化应用典型示范案例学校""广东省基础教育改革实验基地学校""广东省基础教育'基于微课的翻转课堂创新研究项目'实验基地学校""广东省中小学教师信息技术应用能力提升工程示范学校""茂名市创建广东省推进教育现代化先进市工作首批示范校"；2016年，该项目也得到了省、市领导的肯定；主持人郑明祥先后在2016年的"茂名市教育改革高峰论坛""茂名市教育教学年会""茂名市教育信息化现场会"，2017年的"茂名市教育创现'走听看想'现场会"等做经验交流报告二十多场，谭海老师的"活力智慧课堂"在2016年的"广东省基础教育信息化应用现场会"上公开展示。众多主流新闻媒体竞相对该项目进行了采访报道。河北唐山开滦十中、广西梧州教育局、云浮教育局、岭南师范学院、梧州市第一中学、茂名市第一中学等100多个团体先后到学校参观学习。

五、结语

"基于微课的翻转课堂教学模式"，是茂名市龙岭学校教育信息化在教育大数据领域的一个全新尝试。可以预见，随着对教育大数据和云技术的深入研究和实践，该模式必将使茂名市的"智慧教育"焕发出勃勃生机。

第 二 章

文化治校，文化行为化

第一节 如何构建学校文化

在办学中，文化引领非常重要。校园文化是在办学理念、共同愿景、学校制度、环境建设等综合因素影响下形成的学校师生认同的较为稳定的行为习惯。学校之间的竞争，表面上是质量的竞争，深层次却是人才的竞争，本质上则是文化的竞争。一流的学校靠文化，学校文化和学校领导力是学校可持续发展的核心要素，是学校软实力的具体体现。学校文化领导是学校领导发挥影响力的一个重要方面。作为校长如何加强学校文化领导，提升学校文化领导力，使学校工作更上一层楼，又如何把自己从经验领导者提升为文化领导者越来越值得关注。提升学校文化领导力是学校发展的需要、社会发展的需要，也是学生发展、教师发展和校长自身发展的需要。

目前，有部分学校不重视学校文化的建设，或学校的文化相对比较落后，没有起到引导师生行为的作用。有些学校为了完成校园文化建设而堆砌一些文化符号，没起到真正促进学校发展的作用，没有体现学校的核心价值和精神引领，没有高品位的价值观主导，没有起到激励师生的作用，最多起到美化校园的作用。

一、校园文化建设的原则

学校要构建先进的学校文化，使学校文化在教育教学中起到引领作用，就必须坚持以下原则。

1. 坚持全面育人的原则

学校要贯彻党和国家的教育方针。《国家教育事业发展"十三五"规划》明确指出，把立德树人作为教育的根本任务，培养德智体美全面发展的社会主义建设者和接班人。因此我们在规划学校文化时，首先，要考虑如何做到立德树人，锤炼学生高尚的品格。其次，要帮助学生树立远大理想，树立自己的人生目标，学会学习，锻炼学生的关键能力，培养发展的学生。

2. 坚持系统规划的原则

学校文化要有特色，就要结合本校的历史和当时的社会文化来设计。如果要使学校的制度管理上升为文化管理，就要考虑到文化的各方面，系统规划这些文化。例如学校文化中的精神文化、质量文化、制度文化、评价文化、会议文化、校园文化、活动文化等，这些文化无一不体现学校的特色，它们时刻影响着学校的运行和发展。所以我们在考虑学校的文化建设时，就要对这些文化层面进行系统规划，形成强大的合力，让文化无处不在，在潜移默化中影响师生的行为。

3. 坚持虚实结合的原则

学校文化是一种精神力量，更是师生的日常行为。我们在设计学校文化时，要注意虚实结合。虚的方面，就在办学理念、共同愿景、一训三风、校徽校歌等方面下功夫。实，就是在学校的美化、园林建设上面，加入学校文化的核心要素。在师生的教学行为、文化活动中，要不断地渗透学校文化的影响，使学校文化最终成为积极的、向上的、稳定的师生行为习惯，形成学校师生的一种独有行为。

二、如何构建学校文化

党的十九大报告中指出，文化是一个国家、一个民族的灵魂。文化兴国运兴，文化强民族强。中国特色社会主义文化，源自中华民族五千多年文明历史所孕育的中华优秀传统文化，熔铸了党领导人民在革命、建设、改革中创造的革命文化和社会主义先进文化，植根于中国特色社会主义伟大实践。发展中国特色社会主义文化，就是以马克思主义为指导，坚守中华文化立场，立足当代中国现实，结合当今时代特征，发展面向现代化、面向世界、面向未来的，民族的科学的大众的社会主义文化，推动社会主义精神文明和物质文明协调发展。学校文化是中国特色社会主义文化的践行和推动，学校文化的构建必须以此为指导，只有这样，才能确保我们的教育方向正确和教育效果明显。

1. 寻找学校的文化源

学校文化必须有源头，学校文化必须结合中国特色社会主义文化和学校的历史文化来提炼。学校有两类，一类为有一定历史文化积淀的学校，另一类是新办的学校。有一定历史的学校，在历史的沉淀中，已经形成了一定的学校文化，这些文化中，有些是积极的、向上的，有些是消极的、平庸的。我们在重新提炼这种学校的文化时就要寻找和发现学校的先进文化，这些文化已经在学校的教师和学生之中形成，它已经成为学校向前发展的强大力量，对这些文化要加以提炼和继承，使它继续发挥作用。而对一些消极的、平庸的文化，就要想办法结合学校的历史、培养过的名人及当地的历史文化，面向现代化、面向世界、面向未来重塑学校的文化，也就是在传承中创新。

对于新建学校，构建学校文化就要相当谨慎，因为文化一旦形成，就是一股强大的力量，要改变是相当难的。对于一个新学校，文化规划是不可少的，我们必须寻找一个大家熟悉的文化载体，这个载体可以是人物、动物、植物或当地有代表性的文化遗产，从它们身上提炼先进的精神内涵作为学校文化的引领。例如茂名市龙岭学校，它地处龙岭小区，学校在构建学校文化时，就把中国的吉祥物"龙"作为提炼对象，构建龙文化。

2. 提炼学校文化的精髓

学校文化选定后，就要提炼它的核心价值，在提炼精神价值时，要坚持先进、卓越的文化方向。它必须是催人奋进、追求卓越的文化。任何人和物都有很多优点，同时也有很多不足，我们在这些人或物上，寻找适合学校实际的精神代名词，让这些名词在师生中内化于心，外化于行，形成一种习惯，成为一种力量。

茂名市龙岭学校构建"龙"文化是因为，在中国，龙象征高贵与成功，因此，学校就从龙的身上提炼出两个核心价值——高尚和成功作为学校教育教学的精神引领，再把这两个价值进行别分解释，高尚指的是品格，要求做到达理、高雅；成功指的是能力，要求做到会学、能做。这样，学校文化的架构就形成了：达理、高雅，会学、能做。文化形成以后成为推动学校发展的精神力量，师生的所有教育教学行为都在它的引领下开展。

3. 设计学校文化板块

学校文化对学生的教育有着不可估量的作用，校园里的每个景点、每块宣传栏、每根柱子都反映学校的文化，校园里每一个人的行为，更是学校文化的行为体现。因此，我们在设计校园文化时，必须包含学生在学校里受教育的方方面面。按照国家的要求，学校要指引学生德、智、体、美、劳全面发展。因此，我们在设计校园文化方面，也要充分考虑各方面的育人功能，最好分主题、分区域打造文化特色，通过文化景观化，十步一景，一景一主题，让学生在游览景物时，受到文化的熏陶，不知不觉地受到教育。例如茂名市龙岭学校的校园文化有"一文化、两园、两广场、七长廊"文化板块。一文化，就是"龙"文化，是学校的文化统领，是文化的核心；"两园"，是活力园和科技园；"两广场"，指的是追梦广场和腾飞广场；"七长廊"包含励志文化长廊、国学文化长廊、文明礼仪文化长廊、感恩文化长廊、安全文化长廊、行为习惯文化长廊、节能环保文化长廊。在这样的文化氛围影响下，学生的思想和行为就会得到全面的指导和提高。

4. 践行学校文化

学校文化是一所学校的灵魂，是所有人比较固定的行为。一个由文化引领的学校，是通过师生的行为来体现的，否则，就不是学校的文化。我们在提炼和设计好文化后，关键是践行。

文化分为显性文化和隐性文化。显性的学校文化主要是指学校文化的物质形态，可分为基础设施文化、自然人文环境文化等，是现代学校文化的硬件，是我们走进校园看得见摸得着的物质载体，包括学校的建筑物与布局及其风格、文化设施、学校的内部陈设与布置、学校的绿化与美化等。如果这些学校的硬件都具备独特的风格和文化内涵，就能潜移默化地影响学校群体成员的观念与行为。显性的学校文化建设内容具体包括学校建筑文化的建设，如学校建筑的布局设计与建设，各种建筑物的命名，正校门、大型壁画、校史馆的设计与修建；学校绿化与美化，如学校绿化景点、学校雕塑等的创作设计与修建；内部陈设布置，如学校教学楼、实验楼、图书馆等厅堂的陈设布置，教室、走廊的布置；学校传播设施，如学校标志的设计与制作，黑板报、橱窗、阅报栏、标语牌、广播、现代信息技术方面的设备设置等。

隐性的学校文化就是将学校文化的主流价值观转化为教师的内隐概念，变成教师教育教学的自觉行为。隐性的学校文化建设首先是抓教师的行为建设，如学校教师开会时会风不好，讲空话、改作业、打瞌睡……行为没有转变，在这样的文化氛围中，肯定不会形成一个战斗力强的团队。教师行为该抓什么？主要的方面是教师的备课、上课、评课、学习提高、人际交往等。在平常的会议、各种场合都要传播正能量的文化，弘扬正气。隐性的学校文化建设其次是抓学生的行为建设。现代的教育观念要求学生是学校学习活动的主体。学生的言行举止等学生文化是学校文化的重要组成部分，是学校文化的亚文化，是指学生在学校活动中所表现出来的特有的价值观念、思维方式、行为规范等。隐性学校文化建设要抓的学生行为建设主要包括学生文化丰富的表现形式方面的建设，如学生的价值追求、民族精神、学习观念、思维方式、日常行为方式、人际关系，礼仪、待人接物、衣着、饮食、消费等。

我们在践行学校文化时，也要循序渐进，逐步形成，特别是隐性的文化，不是一次会议、一次活动就可以落实，是要长期坚持才能形成自觉的行为。

三、创建学校文化的误区

学校文化建设不是一件容易的事，特别是校长要有自己独特的办学思想和思考，有特色的学校文化形成需要长期的积淀，所以在学校的文化建设中，经常出现很多误区。

1. 全盘照搬，没有自己的特色

由于学校的文化建设需要考虑很多因素，所以很多校长就去几个在学校文化方面做得好的学校进行参观，如果觉得符合自己的品位，就把其他学校的文化建设全盘照搬。这样做出来的只能是装修，不一定是文化，它有可能出现水土不服，只能是一种装饰，给人看看而已。

2. 单一主题，没有全面的发展

国家教育要求，我们必须培养全面发展的学生，但有很多学校的校园文化只注重某一方面的教育，如感恩文化，只注重感谢、回馈等方面的教育，没有结合感恩文化挖掘其他方面的教育，如励志、文明、学习、习惯等。

3. 简单拼凑，没有系统的设计

有很多学校的文化建设不是自己设计的，或没有系统的思考和规划，今天想到一个什么标识，就做什么标识，结果因为没有主线，没有成为一个系列，这样的教育是不全面的。

4. 大破大立，没有传承的创新

文化是长期形成的，一旦形成，无论是积极文化还是消极文化，它的力量是无穷的，影响也是很大的。每个校长都有自己的思想，现在实行的校长轮岗制度，当新校长的理念和原来的校长理念不同时，不理原来的文化基础，大破大立，大兴土木，这样造成学校集体的不适应，不利于师生的团结和学校的发展。如果原来的文化是消极的、落后的，这样做是正确的，等于改革创新，但有些优秀的文化要保留，要在原来的基础上提炼内涵，实现传承的创新。

学校文化没有现成的，都是靠校长的引领及全校师生的智慧，在长期的实践中积淀形成。

第二节　用尊重打开学校和谐之门

学校工作的对象主要是人，主要任务是用人的思想影响人的思想，用人的感情交换人的感情。学校的工作可以说是千头万绪、错综复杂，像一张节节相连的网，对外有直管领导、家长和社会职能部门，对内有各层次的干部、不同的教师和学生，只要一项工作做不好就会影响学校的健康发展，只有各项工作和谐开展，学校才能持续、健康发展。用什么能把人与人之间的和谐大门打开呢？尊重就是一把最好的钥匙。下面我根据自己的工作感悟谈谈尊重在学校工作中的作用。

一、尊重是打开心灵之窗的万能钥匙

学校的工作是一项良心工作，如果学校的每个员工都能以真诚的态度努力工作，就可以把学校的工作做好。但在学校当中，有一些人相对消极，对学校或领导有些不满，会说一些对学校不利或影响团结的话，他们的消极行为容易影响他人和学校的氛围。要把学校的工作做好，学校必须改变这些人的想法和做法，必须从心着手。

如何打开他们的心扉呢？尊重就是一把万能钥匙，只要打开这些人的心扉，和他们坦诚交流，问他们对学校发展的看法，让他们觉得自己在学校中有存在的意义，让他们说出自己的真实看法，从内心打动他们，这样工作的积极性就会提高。

此外，还要认真地倾听他们的意见，并坦诚地和他们交流。因为被尊重，他们会对学校提出合理的建议。慢慢地他们工作努力了，工作业绩和教学成绩有所提升，转变成为工作积极分子。

二、尊重是建立人际关系的黏合剂

学校工作的质量，与各种关系的好坏有着直接的关系。特别是学校内部人与人之间的关系，直接影响学校的管理效率。如果中层干部与校级领导关系不和谐，中层干部不主动执行政策、不作为，好政策就无法推动；如果领导与教师之间的关系不和谐，难以调动教师的积极性，学校的工作就难以开展。所以，学校内部和谐人际关系是工作开展的重要基础。学校的教师就像一颗颗珍珠，假如这些珍珠松散着，就突显不出其价值，但如果用一根线把它们串在一起，那就是一串光彩夺目的珠宝，每颗珍珠都能充分闪耀它的光彩。同样的道理，如果我们把学校内部的每个职工团结起来，整个学校就能拧成一股绳，形成合力推动学校快速发展。那什么能把他们团结在一起呢？就是尊重。它是建立良好人际关系的黏合剂。比如，在重大决策中，尊重每个人的权利，让每个人都有参与权，发挥全体教师员工的智慧，让他们提出自己的建议。这样，既使学校上下级关系和谐，又使教师地位得到认可，工作积极性大大提高。俗话说，尊重别人就是尊重自己，我平常和老师的相处中，不论职位高低，不论男女老少，都尊重他们。一个微笑、一个问候，就会让他们觉得自己受到尊重，觉得这个领导不官僚、不摆架子。反过来，老师们也会尊重上级，这样就建立了良好的上下级关系。只要学校内部人与人之间关系融洽，学校工作就容易开展了。

我刚到学校担任校长时，很多老师都不了解我，有的偶遇时会礼貌性地打一下招呼，个别人远远见到就避开了，他们觉得校长和自己没什么关系，没必要理会。为了建立各种良好关系，我主动地去接触学校各阶层的人，用尊重缓解这种尴尬局面。首先，我主动去找每个副校长谈话，了解他们对治校的看法，鼓励他们提出管理的建议；其次，到各中层的处室去，主动和中层干部谈话，了解他们的工作思路，工作困难；最后，到各个级室去了解老师的工作情况，帮助解决教学当中遇到的困难。经过这一系列问、谈、听的工作，我和各阶层的人建立了良好的人际关系，接下来的工作开展就非常顺利了。同时，全校的教职工都觉得自己在学校中得到了尊重，他们的积极性也高涨起来了。

三、尊重是处理复杂问题的良丹妙药

学校工作是一个系统的育人工程，在这个过程中，会碰到各种各样的问题，有的相当复杂，处理起来比较棘手。在所有的问题当中，学校与家长之间的问题最难处理。孩子一有问题，个别家长就把责任推给学校。面对这样的问题，我们首先要化解家长心中的火气，使其回到理性的轨道上，这样问题不会继续放大，最终做到大事化小，小事化了。作为校长，面对气势汹汹的家长找上门来，不要逃避，而是要冷静面对。这部分家长很多仅仅是为了找回一点面子，所以要尊重这些家长，耐心倾听家长吐露其心中的不满，让他们在心理上觉得这个校长比较可靠，从而接受学校的调解。

我校有一名学生比较调皮、经常撒谎，经老师多次教育仍无效，而家长又认为自己的孩子非常听话，因此，老师和家长之间产生较大的误会。有一次，这个学生违反纪律，又跟老师撒谎，当老师教育他时，他低着头不出声，为了让他面对老师的批评，老师就用书本轻轻托起他的下颌，让他把头抬起来。下课后，他回到家里跟家长说，老师用书本打他。学生家长是一个急性子，听到孩子说有老师打他，不问青红皂白就冲到教室找老师理论，看见老师不在教室，就气势汹汹地来到校长室，当时气氛相当紧张。我诚恳地接待了他。请他进接待室，给他端上热茶，并耐心询问事情的经过。他说完后，我就说"孩子不听话我们都很痛心，教不好，我们都有责任，如果有做得不好的请批评指正，多提建议。我们调查清楚这件事情之后，会给你一个满意答复。"他听了之后，心平气和地回家了。第二天，这个家长主动给我打来电话，他说："校长，你这样尊重我，让我觉得我的冲动行为是不对的，我的孩子既然没有大事就算了，不再追究了，希望以后学校能公平对待我的孩子。"就这样，尊重把一个可大可小的事情化解了。

在日常的学校管理中，尊重是开展工作的基石，是打开学校和谐之门的金钥匙。尊重在处理人际关系中的作用是不可估量的，我们要善用尊重这把钥匙。

第三章

师资强校，教师专业化

第一节　信息时代校长领导力对推进
信息化的重要影响

一、校长的执行力

（一）校长执行力的重要性

教育界有句名言："一个好校长就是一所好学校。"这是因为校长的教育理念、教育思想决定着他的教育方向，决定了他的价值观、人才观、教师观、学生观，引领着他去做教育决策。从一定意义上说，校长的境界决定学校的境界，校长的思路决定学校的出路。那么，是不是好校长就一定会成就一所好学校呢？从好校长到好学校的路径：校长的执行力。一位校长树立先进的理念、掌握科学的管理方法、做出正确的决策、保持正派的作风，从某种意义上说，就是一个好校长。有了一个好校长，好学校是不是就会自然产生了呢？两者之间是不是必然的因果关系呢？

"好学校"好比"好校长"的战略目标，教育理念、教育思想好比战略，但是只有目标和战略是不行的，还需要完美地执行战略方案才能达成目标。一位管理者的成功，5%在战略，95%在执行，可见提高"执行力"对管理者来说非常重要。对于校长这个职业来说，执行力也同样重要，因为如果要"好校长"的教育理念、教育思想等转换为师生的共同愿景并让师生共同为之努力实践，校长就需要拥有强大的执行力。换句话说，正确的教育决策达成好学校的目标，关键在于校长的执行力。

（二）影响校长执行力的要素

1. 意愿

如果不想做，肯定做不好。执行的意愿来自目标、利益和危机。有目标才有愿望，有利益才有动力，有危机才有压力。对于校长来说，如果没有把学校办好的意愿，这间学校肯定做不好。学校进行某一项改革，如果没有目标，就没有做好的愿望。那做好后，有什么利益或好处呢？我们会进行评估，如果没有好处，是没有动力去做的。当然，当没有做好的时候，会有什么后果呢？这些都是校长在执行一件事时的意愿思考。比如，我们国家现在在推动教育现代化，通过教育信息化带动教育现代化的我们绝不会做一些对学校和个人没有一点好处的事，这样也不可能做得好。一句话，学校领导在执行某一件事时，要重视，要想把它做好，才有可能把它做好。

2. 环境

文化环境影响行动，要行动就要给自己创造行动的环境；识时务者为俊杰，一件事办得好不好，要看当时的环境。就像读书，在一个嘈杂的市场里，是不可能把书读好的。所以，我们在推行一个计划时，就要营造一个浓厚的氛围。今天，我们说推进教育信息化，就是在具备推进教育信息化的条件下，才实行的，不可能在没有互联网和电教平台的情况下推动教育信息化应用。之所以有些学校实行得好，有些学校实行得不好，就是因为各学校的环境不同、文化不同。

3. 能力

想做还要会做。这是每个人执行力不同的最大区别。这里有很多影响因素，如沟通能力、个人魅力、理解能力、跟踪能力、反馈能力、总结提升能力等。最重要的是沟通能力，这是执行力的前提。

二、如何做到有效沟通

（一）沟通与执行力的关系

沟通漏斗理论认为，沟通漏斗（如图1）呈现的是一种由上至下逐渐减少的趋势，因为漏斗的特性就在于"漏"。对沟通者来说，如果一个人心里想的是东西的100%，当沟通者在众人面前、在开会的场合用语言表达心里100%的东西时，这些东西已经漏掉20%了，沟通者说出来的只剩下80%了。而当这80%的东西进入别人的耳朵时，由于文化水平、知识背景等关系的影响，只存活了60%。实际上，真正被别人理解了、消化了的东西大概只有40%。等到这些人遵照领悟的40%行动时，已经变成20%了。这理论说明，如果要执行者100%地执行发令者的意图，80%靠的是沟通。换句话说，沟通决定执行力。

让我们先看一个例子，在教育部校长培训中心第30期初中骨干校长高级研修班上，上课的老师做了这样一个实验：让班中的五个人走上讲台，其中一个是班长，这个班长是新加坡留学回国的硕士毕业生，现任上海某中学的校长，是一个高智商、高学历的名校校长，其他四人分别是各小组组长，都是来自全国各地的骨干校长。任务如图2所示，图中有六块长方形纸。上课老师给每个小组长发放六块长方形纸块，由班长按图中长方形的摆放特点用语言传达给四个小组长，且不能观看四个小组组长的拼图，而四个小组长不能看原图，按班长传达的意思，根据个人理解独立将手中的六张长方形纸块拼出自己的图形。当四个小组组长很认真地完成自己的拼图时，老师连续三次问了他们五个，是否确认无误。他们都说没问题后回到自己的座位。结果，四个小组长拼出的图没有一个与原图一样，而且出现四种拼法。这个实验说明了决定执行力的不是态度和能力，而是有效沟通。

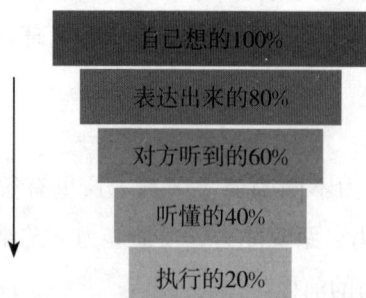

图1　沟通漏斗理论图　　　　　　图2　执行图

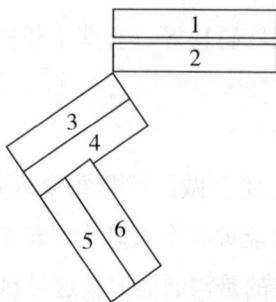

（二）如何做到有效沟通

一个人或一个团队的能力很强，态度也端正，但要表现出很强的执行力，有效沟通非常关键。那么，怎样才能做到有效沟通呢？

1. 互相尊重

尊重是打开人心灵的钥匙。在沟通的过程中，人与人之间应互相尊重。有了尊重，人与人之间的沟通就会真诚，做事就会有完成目标的强烈意愿，激发人做事的内动力，这样，人的执行力才能发挥到最大。

2. 清楚表达

清楚表达意图是沟通的关键。要有高的执行力，发令者必须清楚表达自己的意图，同时，还要考虑不同人群的知识水平和理解力等。因此，在不同的场合，和不同人沟通，要采用不同的表达方式，通过多种表达方式表述，使执行者领会发令者的意图。前面的例子中，班长没有很清楚地描述原图的结构，导致执行者没能准确地领会发令者的意图，从而造成执行错误。

3. 互相反馈

互相反馈是执行中不断修正偏差的过程。无论发令者如何清楚地表达了自己的意图，到最后执行的时候，都会有遗漏。这时，我们就要通过不断的互相反馈，互相倾听，互相讨论，最终达到意图统一，尽量做到执行不偏差。前面的例子中，执行者在执行发令者的意图时，不能准确理解发令者的意图，但没有人反馈过任何信息，都是自己想当然地执行任务，结果执行出错。

三、教育信息化的理解

1. 教育信息化1.0

2012年9月5日，全国教育信息化工作电视电话会议提出"三通两平台"建设，即宽带网络校校通、优质资源班班通、网络学习空间人人通，建设教育资源公共服务平台、教育管理公共服务平台；提出了著名的"双重革命"和"三个转变"，即"信息技术的深度应用，迫切要求教与学的'双重革命'，加快从以教为中心向以学为中心转变，从知识传授为主向能力培养为主转变，从课堂学习为主向多种学习方式转变"。

2014年11月16日，教育部、财政部、国家发展改革委、工业和信息化部、中国人民银行联合发布关于印发《构建利用信息化手段扩大优质教育资源覆盖面有效机制的实施方案》的通知，为未来6年的中国教育信息化绘制了一幅清晰的"施工图"。方案要求到2015年，全国基本实现各级各类学校互联网全覆盖，其中宽带接入比例达50%以上；到2017年，全国基本实现各级各类学校宽带网络接入；到2020年，建成与国家教育现代化发展目标相适应的教育信息化体系。

2015年5月23日，国际教育信息化大会在青岛开幕，这是由联合国教科文组织、中华人民共和国教育部合作举办的国际教育信息化大会。来自全球90多个国家的教育官员、学者、校长和教师等汇聚一堂，以"信息技术与未来教育变革"为主题，共同探索教育与信息技术深度融合的有效途径，研讨信息技术在教育领域更加广泛的实施应用。

2016年6月23日，教育部关于印发《教育信息化"十三五"规划》的通知，特别提出，要建立健全教师信息技术应用能力标准，将信息化教学能力培养纳入师范生培养课程体系，列入高校和中小学办学水平评估、校长考评的指标体系，及学校办学水平考评体系。

2017年1月25日，教育部办公厅关于印发《2017年教育信息化工作要点》的通知，全面学习贯彻党的十八大及十八届历次全会和习近平总书记系列重要讲话精神，以"构建网络化、数字化、个性化、终身化的教育体系，建设'人人皆学、处处能学、时时可学'的学习型社会，培养大批创新人才"为发展方向，贯彻落实《教育信息化"十三五"规划》总体部署，按照"服务全局、融合创新、深化应用、完善机制"的原则，大力推动"四个提升"和"四个拓展"，充分发挥教育信息化对教育现代化的支撑和引领作用，以优异成绩迎接党的十九大。

2. 教育信息化2.0

2018年4月18日，教育部关于印发《教育信息化2.0行动计划》的通知，通过实施教育信息化2.0行动计划，到2022年基本实现"三全两高一大"（即教学应用覆盖全体教师、学习应用覆盖全体适龄学生、数字校园建设覆盖全体学校，信息化应用水平和师生信息素养普遍提高，建成"互联网+教育"大平台）的发展目标，推动从教育专用资源向教育大资源转变，从提升师生信息技术应用能力向全面提升其信息素养转变，从融合应用向创新发展转变，努力构建"互联网+"条件下的人才培养新模式，发展基于互联网的教育服务新模式，探索信息时代教育治理新模式。

四、如何推进教育信息化建设

教育信息化是教育现代化的必然之路，校长，是落实教育信息化的第一责任人，推进教育信息化，是每个校长义不容辞的责任，这项工作的进展，将决定我们的教育处在什么水平，将影响到校长的执行力，我们应予以重视。那么，我们怎样推进教育信息化建设呢？

1. 领导重视，全员参与

教育信息化建设，是一项系统工程，一个全员参与的项目，它的建设和应用存在很多困难，要取得实效，必须做到领导重视、全员参与。教育信息化建设涉及顶层设计、资金配套、师资力量支撑、全员参与应用等多方面的问题，必须一把手亲自挂帅，其他领导阶层按照统一的部署才能推进。在推进教育信息化的过程中，各部门通力合作，全体教工在教育教学中共同行动才能达到理想效果。

2. 制订方案，有序推进

教育信息化的建设和应用是一个系统、复杂的工程，要有成效，就要制订详细的实施方案。方案要明确目标与任务、责任与分工、计划与步骤、监测与考核、总结与表彰等内容，让所有的师生有一个清晰的实施路线图，然后按照方案一步一步地落实。在执行的过程中，我们要先易后难，先简单后复杂。例如，先从家校沟通开始，用新的方式进行试验教育，让家长感受到教育信息化的便利和实效，再逐步应用到课堂上。同时，每实施一段时间，要检验进度与效果，并随时调整计划的实施步骤。

3. 理念先行，抓好培训

教育信息化的建设与应用，就目前来看，不是技术层面的障碍，而是人为的障碍，这主要是人们的思想还接受不了这种新事物。所以，我们要从改变教师和家长的观念开始。那怎么做呢？从培训抓起。首先，培训教师。先通过派出骨干教师外出学习、请专家到校培训、校本培训等方式，改变教师的教育教学观念，让教师从思想上接受新的事物；然后，再进行技术层面的培训与应用。其次，培训家长。教育信息化的推进与应用，需要家长的积极配合，如果家长思想上不接受或消极应付，也很难达到较好的效果。因此，我们通过家长会、人人通平台等多种方式宣传教育信息化的必要性和效果，请家长到学校体验信息化的智慧课堂，用事实和数据说服家长接受新的教育模式。最后，培训学生。通过班会课、信息课等从思想和技术层面正确引导学生用好信息技术为自己的学习服务，自觉抵制网络不良信息的影响，同时，引导学生分辨网络中的善恶与是非，防止被骗。

4. 落实保障，总结提升

在实施与推进教育信息化的建设与应用时，落实保障非常重要。首先，我们要建立推进教育信息化过程中的保障制度，如资金保障、技术保障等必须到位。其次，要规定什么时候要用信息化手段进行上课，如何激励应用得好的教师，如何奖励在应用方面成效显著的教师等。就我学校而言，凡是评先评优、职称评定、职务晋升等优先考虑信息化应用效果显著的教师。最后，鼓励教师加强学习，不断总结自己学习新技术应用的得失，总结心得，把自己从学习信息技术层面提升为自己的信息素养，受益终身。

五、茂名市龙岭学校的教育信息化成果

功夫不负有心人，我校经过近三年的实践，收获了丰硕的成果，建成了"互联网+"智慧校园。其成果主要体现在以下方面。

1. "人人通"+安全，织密防网

通过"人人通"平台，让家长陪同学生在"人人通"学习空间中观看有关安全的小视频，同时，面对网络对学生的思想侵蚀，正确引导学生利用信息技术帮助自己学习；通过视频故事让学生认识到网络上存在陷阱，分清网上善恶美丑的界限。

2. "人人通"+德育，趣味实效

"人人通"的开通与应用，使学校的德育模式发生改变，家校的沟通变得更加有针对性，可以布置校外的实践德育作业增加学生的道德素养，学生可以通过视频和图片进行交流分享，互相影响。这样，学生的学习更加突出主题，学习效果更加明显。例如，"母亲节"，我们布置感恩母亲的行动作业，大家都把自己所做的事发布在"人人通"微博广场上，这样，学生都很积极地做德育作业，效果自然就会好。

3. "云课堂"+教学，高效智能

"云课堂"的优点是优质、共享、高效智能。优质，就是"云课堂"上

面有很多的优质资源，包括课件、微课、导学案、试题、视频等；共享，就是全部的教师和学生都可以学习上面的资源；高效智能，就是教师先利用"云课堂"的资源备好课，做好导学设计，课前推送给学生。学生在家可以通过观看微课、视频、课本等自主学习，自我检测，积累问题，线上提问与交流等。在课堂上，教师根据学生课前的学情，有针对性地引导学生解决问题，提高课堂效率，锻炼学生的自主学习能力。同时，教师还可以根据学生在校读书时的学习大数据，建立智能学习成长档案，个性化地分析每个学生的学习成绩走势，为每个学生制订个性化的辅导方案，以学定教，做到因材施教。

4. "公共服务平台"+管理，高效环保

在"互联网+"时代，学校的办公已经进入了无纸化、智能化，既为学校节省了很多纸张，也节省了大量的人力物力，高效环保。公共服务平台，除了实现了文件的上传下达、登记、流转、保存等一系列的功能外，还能准确地记录流转中的经办人、时间，教工请假、出差和设备报修等，校长对全校的状况一目了然，无论到哪里，只要有网络，就可以办公，提高了时间的管理效率。

5. "云可视"+管理，运筹帷幄

利用"云可视"平台，校长和管理人员利用电脑或手机就可以随时随地选择任何一个班的课堂进行实时听课，走上云端观看学校的每个角落，一个屏幕就可以实现对全校每个角落的动态掌握，提高了管理人员对课堂和校园动态的管控时效，使管理人员做到运筹帷幄。

当前，很多学校会遇到教育信息化资金和资源短缺的难题，我们可以逐步解决这些困难，我们要重应用、轻建设，逐渐成为教育信息化应用型学校。以我校为例，一是从教师的一台手机和简单的教学平台开始，分批将原有设备升级换代，有多少钱就换多少设备，积少成多。二是充分利用"人人通""茂名云课堂"等免费资源平台，让学生在家里借助网络终端进行自主学习，教师也利用电脑或手机查看学生学习情况，参与学生讨论，解决疑难问题，最大限度地利用已有信息化资源为教育教学服务。

（茂名市农村校长培训班讲座稿）

第二节　如何进行队伍建设

————全国第30期初中骨干校长高级研修班学习心得体会

2016年3月15日，我参加了教育部全国第30期初中骨干校长高级研修班。一个多月以来，我听了专家和名校长的讲座，实地考察了上海和江苏省的十几所名校，进行了8场专题讨论，20多所学校的经验分享。这使我在办学理念、师资队伍建设、制度建设、校园文化建设等方面得到了很大的提升，对我以后的办学、管理产生很大帮助。下面就师资队伍建设方面谈谈自己的心得体会。

在学校，师资队伍是第一资源、最重要的财富。他们是学校所有教育教学和管理的实施者。他们的素质、能力和态度对学校的办学质量产生关键性的影响。那么，如何进行师资队伍的建设呢？我谈谈自己的观点。

一、理念、愿景认同

一所好的学校，必定有好的理念和愿景。要落实这些好的理念和愿景，首先要得到全体教职员工认同，使他们对学校的发展充满希望，并把学校的理念和愿景转化为自己的行为，充分发挥教职员工的潜能，使他们形成统一、向前的合力，共同推动学校工作的开展。例如，某中学"先忧后乐"的理念得到全体教职员工的认同，因为有忧患意识，所有的教师都会把自己的工作做好。当取得成绩后，他们才去享受成功的快乐。所以，我们在学校的管理中，首先要做到理念和愿景相互认同，这样，学校的工作才能做好。

二、文化引领

文化是学校师生在日常的生活、学习或工作中的形成一种行为习惯。这种习惯一旦形成，就很难改变。所以在管理中，要重视先进文化的引领作用，引领全体教职员工形成先进的观念。文化分为显性文化和隐性文化。显性文化是一种符号，是办学理念的体现，是对教职员工行为的指引，这在文化形成的初级阶段非常重要，起到潜移转化的影响作用，当这种文化符号转化成为教工的良好习惯时，这就变成了隐性文化。有什么样的文化，就有什么样的团队，有什么样的团队就有什么样的战斗力。所以，在师资建设时，一定要注重先进文化的引领。

三、制度保证

无规则，不成方圆。学校的制度是教育教学行为规范的保证，也是依法治校的依据。有了制度，才能营造学校内公平公正的环境，让教师们在公平公正的环境中成长，保持战斗力。制度建设要涉及各个方面，不留制度的真空，同时，要不断地完善现行中的各种制度，既规范他们的行为，又保护他们的合法权益，使制度成为教工们的保护神，让全体教工共同守护它的神圣。

四、促进教师的专业化成长

促进教师专业化成长，是学校的一项重要工程，它是教师长期保持战斗力的动力源泉。在抓这项工作时，学校要帮助教师规划自己的专业成长目标，成就每一个人，让他们看到自己的希望。学校通过请进来和走出去等方式帮助他们在专业路上有所收获，同时，通过给教师压担子的方式，学校让教师进行教育教学研究，提高自我。

五、建立完善的激励制度

教师的工作是复杂且繁重的，时间久了，难免有倦怠。为了鼓励先进，鞭策后进，学校要制订科学的激励制度。制度的制订尽量倾向重精神奖励、轻物质奖励。同时，学校要多搭建教师成长的平台，让教师有多出彩的机会，在外出学习、职务晋升、职称评定等方面给表现优秀和贡献突出的教师更多的机会，为全校教工树立好榜样，传播正能量。

六、人文关怀

在学校管理中，我们的对象是人。教师的工作是良心工作。因此，我们在管理当中，要实施人文关怀，要对优秀的人多鼓励，对消极的人多关心，对困难的人多帮助，让所有的人都感觉到学校的温暖。特别是有困难的教职工，要上门慰问，雪中送炭，让他们感觉到单位的温暖。同时，学校还要通过各种文体活动凝聚人心，让教工感受到幸福。

育人是一项塑造人类灵魂的工程，教师团队的素质将影响一代又一代的人。因此，我们必须加强师资队伍的建设，打造一支师德高尚、知识渊博、能力过硬、爱岗敬业，乐于奉献的优秀团队，为培养优秀的社会主义建设者和接班人贡献自己的力量！

第三节　如何做一个现代化学校的教师

我们现在培养出来的学生，肩负着建设现代化祖国的任务，现代化的学生是如何培养出来的呢？关键看教育，教育的关键看教师。那么，如何做现代化学校的教师的呢？

一、教师的教育理念现代化

1. 一个教师的理念，支配着教师的行为

教师必须要潜下心来教书，静下心来育人，做一个"四有好老师"，即有理想信念，有道德情操，有扎实学识，有仁爱之心，把教书育人作为我们追求的事业来做，而不是作为谋生的手段。

2. 必须以学生的发展和社会的需要为引领

在教育教学中，学生是主体，教师是主导，要把学习的任务还给学生，教师做好引导和辅导。课堂上，教师要把时间还给学生，让学生成为课堂的主人，而非被动接受知识的容器。教师要注重培养学生自主探究、主动学习的好习惯，锤炼他们高尚的品格和关键的能力。

3. 必须遵守学生的成长规律

学生是一个生命体，他们的成长是有一定的规律，我们必须遵循规律教学，否则，就会适得其反。例如人的记忆规律，人听到的知识，在一个月以后，会忘掉95%，而自己总结的、悟出来的知识，终生都不会忘记。所以在教育教学时，教师要少讲，让学生多做，在做中学，在悟中学，做到"授之以渔"。

二、教师的教育教学技术现代化

用现代技术提高我们的教学效率。一支粉笔、一块黑板、三尺讲台的时代

已经过去，"互联网+"的时代已经到来，大数据、云计算等先进的技术已经广泛应用在各行各业中，教育不能独立于社会而存在，否则培养出来的学生就会被社会淘汰。要培养现代化的学生，教师必须掌握现代化的技术。教育信息化是教育现代化的重要标志，教师必须提高教育信息化的应用水平，并且将其应用于教育教学之中，实现优质资源共享，城乡优质教育同享，以先进的现代技术提高教育教学效率，减轻师生的负担。

1. 要全面提高自己的信息素养

教育信息化2.0时代已经到来，根据《教育信息化2.0行动计划》的要求，到2020年，我国教育要实现"三全两高一大"的目标，这就要求我们的教师要具备教育信息化的能力，全面提高自己的信息素养，探索信息时代下的人才培养模式、教育服务模式和教育治理模式。

2. 要全面提升学生的信息素养

教育现代化，关键是我们要培养现代化的人。教育现代化的标志之一，就是学生的信息素养全面提升。教育是教与学的互动过程，我们要把自己掌握的信息技术素养，应用在日常的教育教学中，把提升学生的信息素养作为我们的教育目标，更新教学理念，转变教学手段，将信息技术与课堂深度融合，使信息化在教育教学中成为常态，让学生应用教育信息化手段解决学习中的问题，提高学习成绩，培养创新能力，让信息化技术上升为学生的一种素养。

三、做"四有"老师

"四有"老师，即有理想信念，有道德情操，有扎实学识，有仁爱之心。不忘初心，方得始终，作为教师，有坚定的信念，才能培养有理想、有坚定信念的学生。每一类工作都有行业道德标准，为人师表，应把道德情操作为最高标准要求自己，只有这样，我们才有资格成为别人的老师。"师者，所以传道受业解惑也"。作为教师，要做到传道、授业、解惑，没有扎实的学识是做不到的。没有爱就没有教育，教育用爱唤醒每一个学生的灵魂。作为教师，在教育过程中，除了知识外，更要有仁爱之心。教师就像父母一样，对孩子的付出，不能要求对等的回报，要做好教育工作，就必须凭着自己的良心工作，用爱心滋润学生的心田，用爱去感动每位学生。

特别要照顾特殊学生和学习困难生，他们在家里或在学校已经承受很多心理压力。对于学困生，我们要更多地去了解他们的困难，寻找深层次的原因，解开他们心中的死结，使他们从困难中走出来。对于调皮的学生，我们要多一分耐心，多给他们机会，尽量把他们的行为引导到正确的轨道上来。

四、要不断学习

信息时代，知识一到两年就更新换代。现代化的教师必须与时俱进，不断学习。教师要学习教育前沿知识、新理念，学习新科技知识和现代技术教学手段，使学生感到教师知识渊博，这样学生才会对教师有一种崇拜和尊敬，才会按教师的引导去学习。如果教师掌握的知识比学生浅薄，学生会怎样评价教师呢？学生又怎么会信服教师呢？所以我们必须不断地学习，及时更新自己的知识，真正成为学生的老师。让自己成为学生的良师益友！

第四章

立德树人，育人全程化

第一节　坚守教育初心　坚持全面育人

教育是国之大计，培养什么人，是教育的首要问题。作为教育者，我们必须清楚要培养什么人，通过什么方式来培养这样的人。坚守教育初心，牢记教育使命，是我们的责任。学校在实施教育教学时，如何做到完成使命、培育人才呢？我谈谈自己的看法。

一、不忘初心，立德树人

作为校长，必须要坚守教育初心。培养德、智、体、美、劳全面发展的学生，锻炼他们适应社会需要和个人发展的能力，教导他们为社会主义祖国服务是我们当前的任务，这也是培养什么人，为谁培养人的首要问题。受功利性的影响，有些学校把应试看得太重，忽视了学生其他方面的发展，特别是德育方面。因此，我们要把立德树人作为我们的首要工作，要在制度制订和课程安排方面落实这个任务。落实教育教学任务时，首先从爱国主义教育开始，要让学生清楚，我们从哪里来，要到哪里去，紧紧抓住思政教育这个牛鼻子，把立德树人的任务课程化，确保我们的教育方向不偏差，教育内容不偏离，教育时间有保障。把立德树人这个任务贯穿到教育教学的全过程，覆盖全学科，从小抓起，帮助学生扣好人生的第一粒扣子，在践行社会主义核心价值观的过程中帮助学生树立正确的世界观、人生观和价值观，大力弘扬优秀传统美德，帮助学生树立正确的道德观，培养勇于担当、乐于奉献、意志坚强的优良品质，随时为我们的社会主义事业建设做贡献。

二、言传身教，文化育人

文化作为先进的精神符号，是凝聚人心的强大力量。中华文化，博大精深，我们既要学习，又要传承。在教育教学中，我们要用优秀文化作引领和指导，它既是榜样的力量，也是精神的动力。因此，学校要根据自身的特点，提炼学校的文化，用它来规范和引导师生的行为，使师生的行为从自律走向自觉。那怎样构建学校文化呢？

1. 提炼一个文化符号

我们要根据国家的教育方针政策和学校的实际提炼学校的文化，形成学校的文化符号。例如用一个名人的名言、一种植物或一种动物的特性作为学校文化的符号，用它指导师生的行为，而这种文化符号要让师生看得见，摸得着，做得到。例如苏州市草桥中学的学校文化精髓是"教为了不教"，这是叶圣陶先生的教育思想。因为叶圣陶先生曾经是这个学校的校友，他又是一个教育家，全校师生都以他为榜样，师生们容易接受和践行这个文化。这个特殊的文化符号引导教师在备课和上课的过程中，培养学生发现问题、分析问题和解决问题的能力，最终达到不教的目标。我校根据自身的特点，以"龙"文化引领学校的发展。这是大家都很熟识的吉祥物，"龙"代表中国人，中国人有着很多的优秀传统，而"龙"文化最核心的价值就是"高尚"和"成功"。望子成龙，就是希望孩子将来能成功。因此，我校就从这两个角度去提炼学校文化。"高尚"就是从品格方面去引导，做到达理、高雅；"成功"就是从能力方面去引导，做到会学、能做。学校"龙"文化的构建使教师很清楚他们该做什么，如何做，结果是怎样的，使教师在教学中变被动为主动，从而形成一种习惯。而学生一入学就知道自己的学习目标，他们知道，将来要成为"龙"，就要拥有达理、高雅的品质，锻炼会学、能做的能力，即要拥有高尚的品格和关键的能力。一开始学习，学生就树立自己的目标，定好自己的计划，并知道为了自己的目标而努力奋斗，也形成了学习的自觉习惯。师生的习惯就是学校文化的外在体现，是学校管理的自觉行为。

2. 营造深厚的氛围

动静结合营造一个深厚的文化氛围，让师生在潜移默化中受到熏陶。动的方面，通过主题班会、团队活动、读书节、科技节、体育节、艺术节等，为学生成长搭建舞台，利用升旗、节假日等特殊日子，宣传学校文化精神，使全校师生都清楚学校的文化，并加以实践。静的方面，通过建设主题公园、主题墙、文化长廊、教室文化竞赛等，让学校的文化符号装饰学校的外表，每到一处，都让人感觉到学校的文化在说话，都在静静地育人。通过动静结合的文化建设，学校就慢慢地形成了自己的文化特色，提升了办学品位。

三、以生为本，课程养人

学校教育要遵循学生的成长规律，以课程养人。学生成长就像庄稼成长一样，是有一定规律的，按学生的成长规律办学，教育效果就会事半功倍。学校的主体是人，主角是学生，根据学生的特点，严格实施育人工程，按国家标准开足开齐所有课程，全面推进素质教育，使学生全面发展，这是一个教育人应有的责任。同时，我们必须承认，每个学生都是一个独立的个体，每个人都有自己的性格、特长、兴趣爱好和认知能力等，我们必须尊重学生个体存在差异的事实，根据学生的认知智能和知识水平等差异备好课，分层教学与指导，做到因材施教，让每个学生都在课堂上体会到成功的快乐。同时，课外的作业和练习方面因人而设，让每位学生都可以享受完成学习任务的快乐。目前，我校遵循学科性质不同和学生基础存在差异的特点，有针对性地实施英语、数学课程改革，从初一开始，实施数学和英语分层走班教学模式，针对不同学生的基础水平，有的放矢，以学定教，帮助每个学生树立信心，使他们在课堂上同样出彩，整体提高学生的学习成绩。

除此之外，我们还从学生的兴趣出发，开发学生喜欢的校本课程，供学生自主选择，促进学生的个性发展，培养学生的特长。我校根据学生实际情况，为提升学生核心素养开发成立了校本课程超市，供学生自主选择，到目前为止，共开发了"国学经典赏识""机器人制作""科技创新""3D打印""陶瓷艺术""篮球""羽毛球""武术""口才与演讲"等40多门校本课程，成为国家课程的补充，最大限度地满足学生的兴趣需求。另外，根据学生的选择，成立相应的社团，让所有学生都参与一个自己喜欢的社团，培养学生自主管理和自我发展的能力。同时，每年举办学生素养成果展示活动，为学生搭建个性发展和张扬的舞台，培养综合实践能力。

教书育人是己任，培育人才是我们的目标。我们只有不忘教育初心，牢记教育使命，方得教育正果。

第二节　育人为本提质量　全面发展培素养

———2016年茂名市教育教学研究年会发言稿

尊敬的各位领导，同行们：

大家好！

今天我发言的题目是：育人为本提质量，全面发展培素养。

回顾我校近三年来的教育教学工作，在市委市政府和教育局的正确领导下，我校全体师生秉着"全面发展乐成长，个性创新活成才"的办学理念，践行"崇真、扬善、尚美、领先"的校训，全面贯彻党的教育方针，以学生为主体，以教师为主导，充分发挥学生的主动性，把促进学生成长成才作为学校一切工作的出发点和落脚点；关心每个学生，促进每个学生主动地、生动活泼地发展；尊重教育规律和学生身心发展规律，为每个学生提供合适的教育，为培养造就高素质劳动者、专门人才和拔尖创新人才奠定基础。现受市教育局的委托，我在这里跟同行们分享我校工作的经验和方法，同时，也恳请各位同仁对我校的工作提出宝贵的建议。

一、育人为本，全面实施素质教育

《国家中长期教育改革和发展规划纲要（2010—2020年）》提出：坚持以人为本、推进素质教育是教育改革发展的战略主题，是贯彻党的教育方针的时代要求，核心是解决好培养什么人、怎样培养人的重大问题，重点是面向全体学生、促进学生全面发展，着力提高学生服务国家人民的社会责任感、勇于探索的创新精神和善于解决问题的实践能力。通过领导班子的学习和探讨，我校根据实际，制定了"一项特长、两个健康、三个文明、四个学会"的素质培养目标，厘清了实现素质教育的目标思路，制定了可行的实施方案。

二、与时俱进，切实提高教育效率

信息化的出现，已经改变了人们的生产和生活方式，切实提高了生产力，方便了人们的生活。现在信息化应用已经渗透了各个领域，教育信息化已经成为必然，我校抓住了教育信息化建设的良好机遇，正探索信息化条件下的管理、教育教学和家校互动等新的模式，提高管理和教育教学的效率。

乘着教育创强的春风，2015年以来，在市教育局的大力支持下，我校多方筹集资金，加强教育信息化的硬件建设，新建成智慧教室1个、电脑室1个、VR创客实验室1个、精品录播室2个，对每个教室原有的教学平台进行了升级换代，统一更换为具有交互能力的电子白板综合电教平台，接入学校互联网500M宽带，实现千兆互联网班班通，校园无线WiFi全覆盖，教师、学生和家长开通应用"人人通"，使用"教育资源公共服务平台"和"教育管理公共服务平台"，实现了"三通两平台"的目标，为教育信息化的全面应用打下坚实的基础。

利用茂名云课堂、智慧课堂等资源平台智能化优势，实现了学生自主学习、个性学习、探究学习和合作学习，培养了学生发现问题、分析问题、解决问题和创新创作的能力，同时，减轻了师生的课业负担，深受师生和家长的喜爱，取得良好的效果。2016年3月23日，省教育厅党组成员、巡视员赵康同志到我校调研，对我校的教育信息化给予充分肯定。2016年4月28日，我校谭海老师首次以"活力智慧课堂"的方式在深圳举行的全省基础教育信息化现场会上展示我校发展成果，现场的专家给予高度评价。2016年8月，我校被教育部教育管理信息中心授予"全国基于微课的翻转课堂创新研究示范学校"称号。2016年10月21日，茂名市第二次教育信息化暨应用现场会在我校隆重举行，我校展示了十二节信息化条件下的活力智慧课堂，市、区领导和同行们出席会议并观摩课堂，活跃的课堂气氛，智能化的课堂评价，赢得了现场领导和同行们的充分认可。

三、全面发展，培养发展核心素养

中国学生发展核心素养在2016年9月已经出炉，以培养"全面发展的人"为核心，分为文化基础、自主发展、社会参与三个方面，综合表现为人文底蕴、科学精神、学会学习、健康生活、责任担当、实践创新六大素养。

核心素养是对素质教育内涵的具体阐述，可以使新时期素质教育的目标更加清晰，内涵更加丰富，也更加具有指导性和可操作性。

面对新的培养要求，我校结合实际，将从下面三个方面加以落实。

1. 调整校本课程的内容，根据学生发展的六大素养进行校本课程的开展

检讨现在的校本课程内容，把它们按六大素养进行分类实施，以阅读节、科技节、体育节、艺术节和社会实践等为载体，促进学生全面发展，培养学生适应终身发展和社会发展需要的必备品格和关键能力。

2. 调整课堂教学的教学方式，更关注学生的素养

核心素养是学生适应终身发展和社会发展需要的必备品格和关键能力，我们必须把这些要素融入课堂，体现在日常的管理中，逐步调整老师备课、上课等教学环节，更关注学生的素养。

3. 科学评价教育质量，引导素养

评价是教育教学行为的指挥棒，为了培养学生发展核心素养，校长必须树立正确的教育质量观，学校必须制订全方位、多角度的科学的教育教学评价标准，引导教师全面育人，学生全面发展。

在社会高速发展的今天，永恒不变的育人模式已经不能适应社会对人才的需求，我们必须审时度势，与时俱进，改革创新，办人民满意的学校。

最后，祝大家身体健康，万事如意！

第三节　心怀感恩　奉献教育

——茂名市委、市政府2016年教师节表彰大会上的发言

尊敬的各位领导，老师们，同志们：

大家好！我是茂名市龙岭学校的郑明祥，我发言的题目是"心怀感恩，奉献教育"。

金秋时节，硕果飘香，在这美好的季节里，我们迎来了第32个教师节。今天的表彰大会，体现了市委、市政府落实教育优先发展地位的战略方针，见证了市委、市政府对教师队伍的关爱，使教师们感受到了社会各界营造的尊师重教的浓厚氛围。值此教师节之际，请允许我代表获得本年度优秀校长荣誉称号的教育工作者们对全市各级领导的关心与支持表示衷心的感谢！向关爱学生健康成长、关心教育事业发展的社会热心人士和家长们表示真诚的谢意！

我是沐浴在中国改革开放的春风下长大的，并在市委、市政府和市教育局领导干部践行改革的和煦阳光下茁壮成长，通过公选走上了校长岗位。从当上校长的那一天起，我就感觉肩上的担子沉甸甸的，我深知家长和老师们对我的期待很高。如何使已经站在高处的龙岭学校更上一层楼，成为当时我迫切需要解决的问题。为了寻求新的发展，我通过学习和借鉴他人经验，充分发挥集体的力量，构建出学校的共同愿景：培养活力少年，创建幸福乐园。为了实现这个愿景，我带领全校师生走向改革创新之路。

一、把实施校本课程作为切入点

为了培养学生的学习兴趣，尊重差别化教学，使每位学生都可以在学校掌握一门以上特长，我校根据教师的专业技能和学生的兴趣爱好，采取走班制选课的方式开展校本课程，满足每个学生的兴趣需求，做到因材施教。到目前为止，我校已经开发和推出了40多门校本课程，使素质教育制度化、精细化、个性化。其中民间剪纸艺术被中国教育电视台的《教育报道》栏目追踪报道。

二、把教育信息化作为突破点

2015年，是"教育强市"的收官之年，我们紧紧地抓住这个机会，在市教育局的大力支持下，学校开始了"探索教育信息化，创建'互联网+'智慧校园"的建设之路。经过一年多的努力，龙岭学校基本完成了"三通两平台"的建设和应用，全校教师都通过了"云课堂""人人通"的使用考核。现在我校的信息化已经在管理、教育、教学、教研和家校互动等各个领域广泛应用，在提高学校的管理效率、减轻教师的负荷和学生的课业负担、实现公平教育和个性化教育以及提高教育教学质量等方面发挥了积极作用。2016年3月29日，我有幸带领本校谭海老师在全省教育信息化现场会公开课上，展示我校教育信息化的成果，这是粤东西北地区展示的唯一公开课，获得现场的省内外教育专家的好评。

三、把办人民满意教育作为落脚点

素质教育的全面实施，在给教师增加了创新教学的动力和热爱工作的正能量之余，也使学生的综合素质得到了很大的提高，家长对学校的满意度逐年提高。看到学生健康快乐地成长，美丽校园充满文明气息，教师收获满满的幸福。学校也收获了丰硕的成果：田径队连续在2014、2015年的市直田径会上荣获总分第一名，并在代表市直学校初中组参加的2014年茂名市第十二届运动会、2015年广东省第十四届运动会中，取得了优异成绩。

最后，祝在座的各位身体健康，工作顺利！祝各位教育同仁节日快乐！谢谢大家！

第 五 章

聚焦"两课"，教育优质化

第一节　增强课程领导力　提升学生竞争力

一、课程改革的背景

在知识经济时代、信息社会当中，知识以人们无法想象的速度增加和更新，若不想被淘汰，就必须不断学习、终身学习。具备学习的愿望、兴趣和方法，比记住一些知识更为重要。真正对学生负责的教育，应当是能够促进他们全面、自主、个性发展的教育。目前我国实施新一轮课程改革，以调整和改革课程体系、结构、内容，建立新的基础教育课程体系为目标，试行国家课程、地方课程、学校课程，从原来单一的国家课程模式走向国家、地方、学校三级课程模式。为落实国家课程改革方案，推进素质教育的实施，我校在切实推行国家课程的同时，研究、开发和实施校本课程，构建新的课程体系，实施素质教育，以发展学生的兴趣，培养多种人才满足社会发展需要，体现学校办学特色，提高教育质量。目前，很多学校还在搞单一的应试教育，忽略了学生的多元智能，导致有些学生对学习失去了兴趣，学习成绩过早分化，不利于学生的均衡和持续发展。2016年国家又提出要培养学生核心素养的要求。为了促进学生的全面发展，提升学生的核心素养，我校开发了多元的校本课程，满足学生的个性化发展和关键能力发展的需求。

二、学校的办学理念

办学理念是学校的方向标，是学校发展最重要的战略问题。我校的办学理念是"全面发展乐成长，个性创新活成才"。它的解释："全面"一是指学校、教师、学生等主体，二是指主体得到全面的发展；"乐成长"是指教师、学生在身体、心理等方面都能健康成长；"个性"是指学校有特色，教师有专长，学生有特长；"创新"是指学校不断改革创新，教师勇于开拓进取，学生善于发现新问题、新规律，培养学生创新创造的精神和能力；"活成才"包含两次意思，一是指找到适合自己的方法，通过多种途径成才，二是指学生根据自己的兴趣爱好在各行各业都能成才。整个理念也有先成长，再成才之意。它引领着学校的各项工作的开展。

三、课程建设

一个校长对一所学校的所有领导力中，最关键的是对课程安排的领导力，它是领导力的核心。课程实施是实现教育教学目标的主要手段。因此，我校根据国家的教育教学要求和学校的办学理念对课程进行二次开发。根据学生的基础不同，开发适合本校学生的校本课程。首先，对国家课程校本化，不同的基础，采用不同的教案和教法，做到因材施教。目前，我校基本上完成一套适用于一到九年级各科的数字教案、学案和习题等，做到资源共享和个性化教学。其次，我校为了满足学生的个性化发展，根据学生的需求，开发了40多门校本课程。

（一）课程目标

1. 全面实施素质教育，培养学生核心素养

为了让素质教育有个抓手，我校制定出素质教育目标：即"一项特长、二个健康、三个文明、四个学会"。"一项特长"是指每学期让每位学生自主选择一门校本课程，发展和掌握一项自己的特长；"两个健康"即通过"阳光锻炼一小时"和德育导师制等保障学生身体和心理全面健康发展；"三个文明"是指通过德育课程和校园文化让学生学会讲文明语、做文明事、当文明人；"四个学会"即通过国家课程、地方课程和校本课程让学生学会生活、学会学习、学会合作、学会做人，锤炼高尚品格，锻炼关键能力，为学生的终身发展

打下坚实的基础。

2. 激发学生学习的愿望、兴趣和方法，张扬学生个性

学校通过开发和实施校本课程，激发学生的学习兴趣，满足学生的学习愿望，挖掘学生的专长，充分利用学生的多元智能和教师的专长，搭建学生个性化的成长舞台，让学生的个性得到充分的发展，在学校感受到存在感和成功感。目前，学校立足校情开发了"国学经典赏析""数学之美""民间剪纸""科技制作""软陶泥""棋乐无穷"等40多门校本课程，编订校本教材14本。校本课程实现了学生"走班制"的教学模式，满足了学生个性化发展的要求，使学生在义务教育阶段掌握至少一门的特长。其中郭美琳同学荣获2014年"华佗论箭个性奖学金"，奖金一万元。学生在全省的各种科技创新中取得了冠军、亚军等优异成绩，学校的体育田径队连续四年荣获市直学校田径运动会团队总分第一，合唱团连续三年荣获市直学校一等奖，学校的剪纸艺术特色教育、心理特色教育先后被中国教育电视台、茂名电视台和《茂名日报》等媒体报道，学校被评为全国青少年足球特色学校，茂名市特色学校，茂名市心理特色学校等。学生的个性化发展，就是学校的全面发展。

3. 生成性目标

（1）学生发展目标：坚持自愿自主、灵活开放的原则，激发学生的兴趣爱好，发挥学生的个性特长，让学生掌握适合自己的学习方法，进一步拓展学生的知识领域，培养学生的创新精神和实践能力，增强学生的团结合作意识，培养学生良好的审美情趣和道德修养。

（2）教师发展目标：通过校本课程的开发，培养一批一专多能的复合型、科研型教师群体，充分调动教师的积极性和创造性，促进教师理念更新，增强教师课程意识，发挥教师个性特长，提升教师课程实施能力，打造一支业务精、肯吃苦、勇创新的教师团队。

（3）学校发展目标：在扎实、稳步推进常规教育教学的基础上开发具有本校特色的校本教材，并在实践的基础上获得课程实施的教学成果，形成具有校本特色的课程管理和评价机制，促进学校文化建设和办学特色的形成，推动学校教育教学工作纵深发展。

（二）多元（校本）课程开发的框架和内容

校本课程的实施有利于改变学生的学习方式，为学生提供学习的方法选择和内容选择，体现教育内容的多元性和选择性。2014年9月，我校开始了校本课程的开发与实践。我校以"课程育人，兴趣养人"为指导思想，根据学生个性发展的需求，创设多元校本课程，提升了学校的办学品位，为全校师生的全面发展提供了广阔的平台（如图1）。

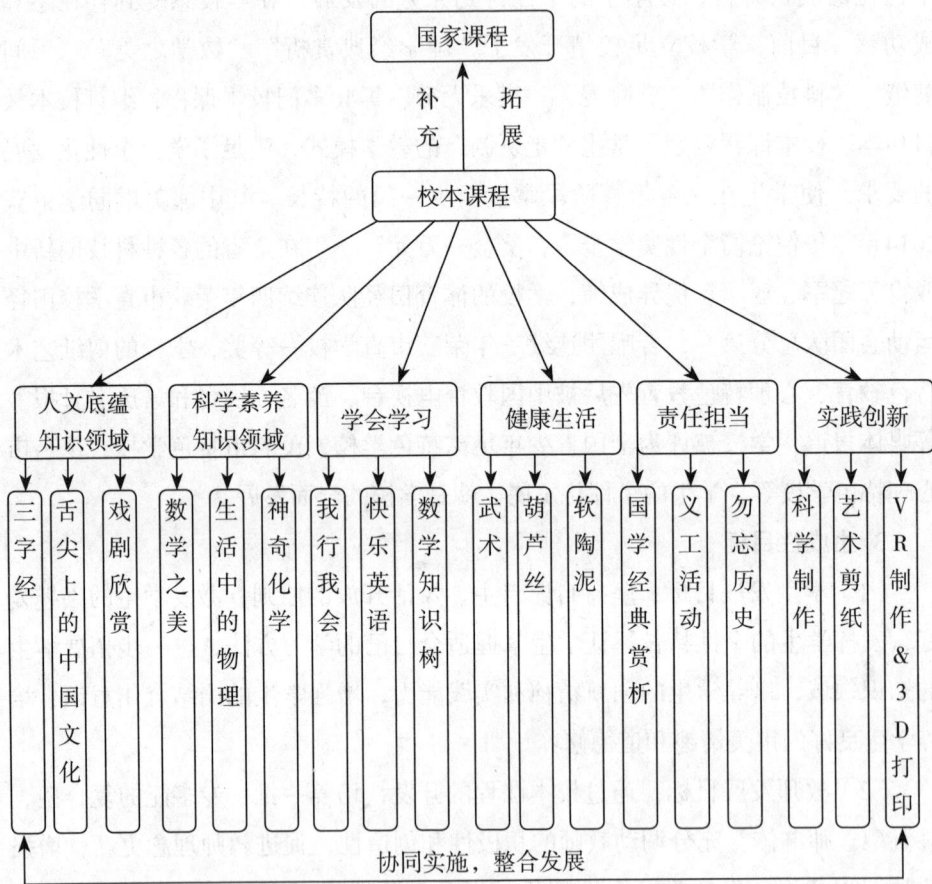

图1　课程框架图

1. 德育教育课程化

学校在严格实施国家的教育方针时，学校德育课程部还根据学校的办学理念，把德育目标细化，每个年级都有明确的目标和任务。由政教处根据国家的要求，开发德育课程，让德育课程化，做到内容丰富、形式多样、效果显著。结合"互联网+"的特点，利用"人人通"等平台，改变传统的德育模式，增加学生的实践机会，提高学生的能力。

2. 国家课程校本化

国家课程校本化是根据国家的课程，结合学校的校程，对国家课程进行二次备课，做到因材施教，确保课堂教学质量。主要从以下五种途径进行二次备课：

（1）关注学生的核心素养。学生核心素养是综合的指标，要有针对性地备课，首先要厘清各学科的核心素养是什么，应该在哪个学段完成。为此，根据学生的实际情况和学校的办学理念，各学科将课程标准细化为学校各学段可实际操作的具体目标。

（2）构建学科的校本管理机制。目前，我国的学科管理特别是科任教师的管理还是以学段来分的，有些课目在梯度衔接方面还可以进一步理顺，特别是九年一贯制学校，促进小学、初中国家课程条线的整体化，可以充分利用资源。我校积极探索构建了"教研室（教务处）—学科组—科任老师"纵向系列的学科校本管理模式，美术、音乐、体育等科目的安排可以统筹全校的资源。

（3）加强集体备课，发挥集体的智慧，通过"调、删、增、降、融"五大动作对国家课程内容进行二次开发，形成符合我校学生实际的校本电子教案（含教案设计、学案、配套课件、作业和视频、音频等教学资源）。"调"就是教师根据学生现阶段的兴趣点，或学校开展的相关活动，或当下发生的重大事件，适当调整教学内容的顺序；"删"就是删除课本过难、过繁的部分内容或九年来知识点重复较多的内容；"增"是根据学生的理解能力、年龄特征、当前的核心素养培养、当下的热点话题等适当增加教学内容；"降"是指根据学生的实际情况适当地降低教学起点、教学内容难度、教学要求；"融"就是有机地将德育教育、学校文化教育融入学科教学。

（4）遵循学科性质特点，实施英语数学课程改革。首先，小学一、二年级不开设英语课，学生在一、二年级的主要任务是认读汉字，初中的英语和数学根据学生的基础进行分层教学，做到因材施教，培养学生的学习兴趣和帮助学困生树立信心，全面提高学生的学习成绩。

（5）校本课程兴趣化。校本课程是国家课程、地方课程的有益补充，我们在开发和实施时，就要符合校情和人情。校情就是根据学校的功能室、设施设备和师资力量来设置课程，最大限度满足学生的需求；人情，就是根据学生的兴趣和特长来自主选择课程，让学生能上自己最喜欢的校本课程。

2014年以来，我校校本课程部，落实"全面发展乐成长，个性创新活成长"的理念，分别在人文底蕴、科学精神、学会学习、健康生活、责任担当、实践创新等领域开发学生喜欢的课程，重点突出兴趣和能力的培养。到目前为止，我校共开发了"国学经典赏识""开心数学""科技创新""3D打印""民间剪纸""篮球""排球""武术""口才与演讲"等40多门校本课程，以满足学生的兴趣需求。

（三）特色课程建设的原则

1. 面向全体，人人参与

根据不同年级学生的认知规律和生活实践需要，以激发学生的兴趣爱好、发挥学生的个性特长为目标，要求各学科在各年级开发校本课程，面向全体学生，做到人人参与。

2. 知行并用，重在实践

校本课程的开发要注重知识性学习，更要注重实践活动与操作技能的训练；要尽可能地利用学校和社区的教育资源，并充分开发使其为本课程服务，做到人尽其能，物尽其用；要勇于实践、大胆探索、敢于创新，不断提高教师教学技术和学生的综合实践能力。

3. 小组合作，活动为载

课程的实施要以小组合作形态为主，以教师讲授为辅，以活动为载体，培养学生的动手、动口、动脑能力，教育学生会做人，会学习，会合作，会创新。

4. 兴趣特长，自愿组合

同年级学生可打破班级界限，根据自己的兴趣、特长选择不同的课程，按照自愿组合原则开展合作学习，实行走班制教学。

（四）特色（校本）课程的组织、管理与评价

1. 成立校本课程开发与管理机构

组　长：郑明祥

副组长：王　建　谢华健　吴伟森

成　员：由各处室和科组长组成

2. 明确课程开发与实施步骤（见图2）

（1）需求论证阶段（每学年第1周）

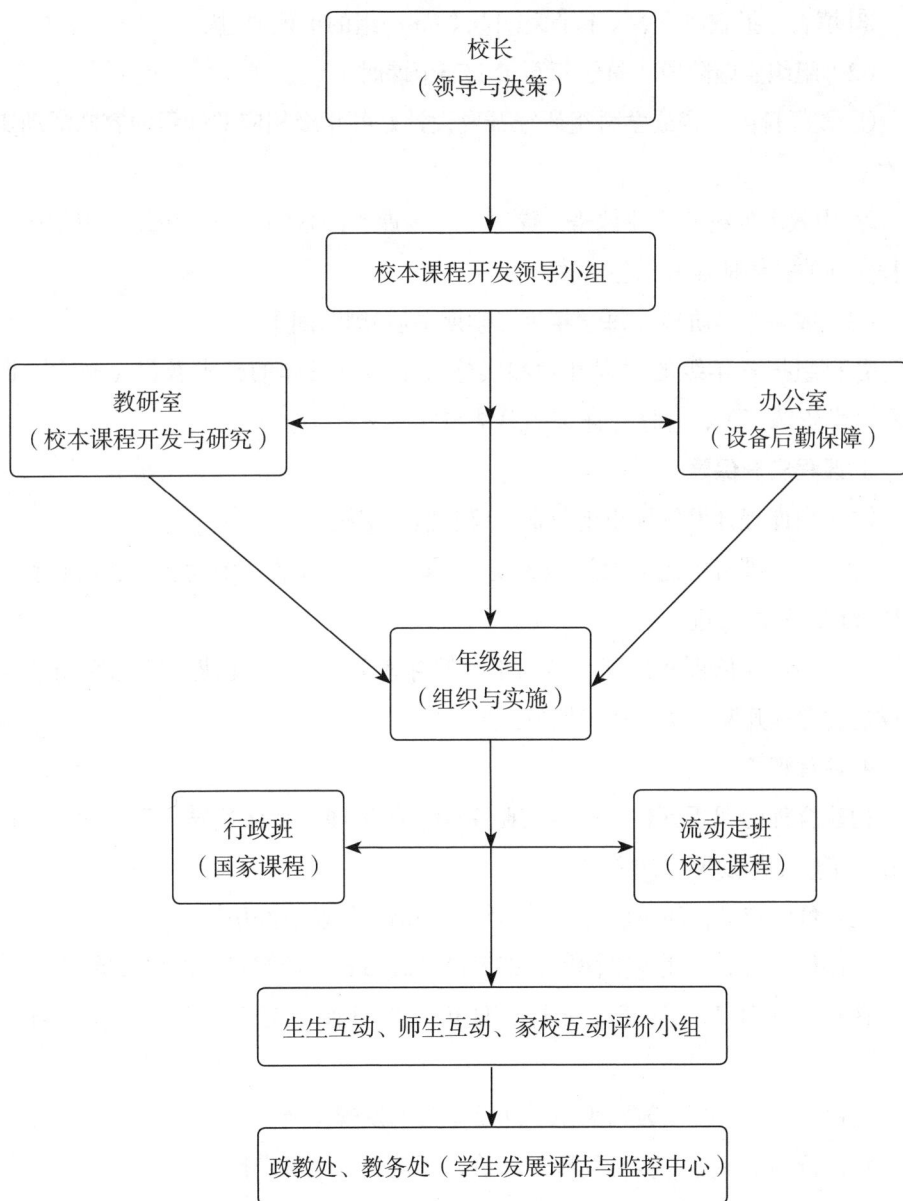

```
                    ┌─────────────────┐
                    │      校长        │
                    │  （领导与决策）   │
                    └─────────────────┘
                            │
                            ▼
                 ┌──────────────────────┐
                 │  校本课程开发领导小组    │
                 └──────────────────────┘
                            │
          ┌─────────────────┼─────────────────┐
          ▼                 │                 ▼
┌──────────────────┐        │        ┌──────────────────┐
│     教研室        │◄───────┼───────►│     办公室        │
│（校本课程开发与研究）│        │        │ （设备后勤保障）   │
└──────────────────┘        │        └──────────────────┘
          │                 │                 │
          └─────────────────┼─────────────────┘
                            ▼
                    ┌─────────────────┐
                    │     年级组        │
                    │  （组织与实施）    │
                    └─────────────────┘
          ┌─────────────────┼─────────────────┐
          ▼                 │                 ▼
┌──────────────────┐        │        ┌──────────────────┐
│     行政班        │◄───────┼───────►│    流动走班       │
│ （国家课程）      │        │        │  （校本课程）     │
└──────────────────┘        │        └──────────────────┘
                            ▼
        ┌─────────────────────────────────────────┐
        │  生生互动、师生互动、家校互动评价小组          │
        └─────────────────────────────────────────┘
                            │
                            ▼
        ┌─────────────────────────────────────────┐
        │ 政教处、教务处（学生发展评估与监控中心）      │
        └─────────────────────────────────────────┘
```

图2　课程实施步骤图

①各科组利用现有资源，征求教师意见，确定课程开发的方向。

②将开发的课程目标、意义和实施设想拿到学生、家长中征求意见，看学生、家长是否喜欢，是否需要所开课程，确定本课程开发的内容、规模。

③填表上报教研室，等待课程开发领导小组的审议通过。

（2）组织实施阶段（每学年至少上25个课时）

①教师自由组合或学科组研究开发设计好各年级相应的课程内容和活动实施方案。

②由教务处统一安排课表、课时、实施课程的教师。由年级组长组织协调课程实施的具体地点和学生规模。

（3）成果总结阶段（每学年第二学期最后3周时间）

各科组把各年级的课程开发和实施方案形成具体的校本教材（教案、课件、教学资源等），并做好详细的总结与反思。

3. 课程实施保障

（1）由课程开发领导小组负责审议和监督实施。

（2）建立课程实施阶段汇报制度，及时观察课程的实施动态，总结经验，吸取教训，不断改进。

（3）教师实施课程的课时纳入正常教育教学工作量。由课程开发领导小组审议通过课程开发、实施经费保障。

4. 课程评价

构建合理的课程评价方式，着眼于学生的发展，承认差异，帮助学生认识自我，了解学生发展中的需要：

在评价内容上，注重学生的参与意识和活动体验、经历。

在评价形式上，注重多样性，即可以是表演式、竞赛式、汇报式等。

在评价主体上，注重多元性，即可采取自评、互评、师评、家长评等形式。

在评价方法上，以鼓励为主，注重学生的发现发展。

在评价的结果上，实行发展性评价，可定量，也可定性。

2014年3月29日

第二节　如何建立校本研修的长效机制

一、问题的提出

"活到老学到老"，在知识爆炸的今天，知识更新迅速，一年不学习，就会被自己的行业淘汰。据有关资料显示，现在全世界每分钟都有一本新书出版，即使一个学科一年的新知识，一人就需阅读45年。过去，一个大学生在大学期间学习和掌握的知识可享用一生，或至少能满足一生所需知识的70%以上，而现在仅达10%，甚至更少。"师者，所以传道受业解惑也。"今天的教师要为学生传道、授业、解惑，仅靠在大学学习的知识是远远不够的。因此，作为教师，必须不断地学习，更新自己的知识，以满足工作需求。而教师的工作岗位设置非常紧张，要想大规模、长时间送教师外出学习是不现实的。原因有：①人力资源不足。在岗位设置固定的情况下，一个学校的教师数量只能满足现有的岗位，一个萝卜一个坑，如果送了一个教师外出学习，就要安排其他教师替代他，长此以往，就会影响学校的正常运作。②资金不足。一个很现实的问题，就是外出学习必须有经费，经常大规模地外出学习，学校的经费是不能支撑的。所以，在不影响教育教学和教工休息的情况下，要快速提高整体教师的教育教学水平，只能靠校本研修了。校本研修是学校内部开展教育教学研究、教师业务提高和知识更新最可行、效果最好的学习途径，它具有针对性强、涉及面广、成本低、研修效果好等特点。而要整体提高学校教师的业务水平，保证校本研修的质量，就要建立长效机制。

二、如何建立长效机制

校本研修要取得一定的效果，不能一蹴而就，不是一两节课就能解决的问题，而是要经过较长时间的探索和实践，特别要在工作中实践应用才能收获成效。在这个学习过程中，教师既有手头上的工作要做，又要抽时间来完成校本研修。经验告诉我们，如果缺少完善的保障机制，校本研修多数都是雷声大雨点小，布置任务时听起来心动，谈起来冲动，结果一动也不动，收到的效果甚微。

如何才能使校本研修取得成效呢？下面结合实践谈谈几点做法。

1. 把解决学校实际问题作为研修的引领机制

每做一件事情，都要有一个清晰的目标，这样才不会迷失方向。特别是在学校，教师的工作千头万绪，如果校本研修搞形式主义，教师所做的是无用功，白白浪费教师的时间和精力，那么校本研修就会被教师们抛弃。如果学校强迫学习，教师们也只是应付了事，不会有实质的收获。这样的研修既浪费金钱，又浪费教师的时间，做得不好，还会影响教师的情绪和学校的正常工作。所以，校本研修一定要基于解决学校或教师存在的问题而开展。同时，学校要解决问题，要得到教师的认可，这样，就可以使学校要解决的问题内化为教师要解决的问题，解决为何要教师校本研修的迷惑。

如我校在开展教育信息化的校本研修时，很多教师开始时都认为，此事是多此一举，几十年来，我们都是用传统的教育教学方法，不是也培养了很多人才吗？教师还没认识到现代教育的形势，还没认识到学校和自己将面临什么样的危机。为了解决这个问题，我校先组织全校教师学习国家的相关政策，分析国际和国内的形势，体验信息化教学的方便和高效，找出与其他学校的差距，形成问题，用问题倒逼教师学习，增强教师的危机感，让教师知道，教育信息化是国家的教育政策，必须学习和掌握这些技术才能跟上时代要求，否则，就会落后、被淘汰。有了问题为导向，全校教师都非常明确这次研修的目标，从而激发教师参与校本研修的热情，收到了良好的效果。

2. 把促进教师专业化成长作为研修的动力机制

校本研修，除了以问题为导向外，更要激发教师自身的内动力。而内动力来自内心成功的体验，来自对自我的认同感、满足感，来自个人的价值观等。根据马斯洛的需求层次理论，人的需要是逐层显现的，而不同的人的需要也是不同的。就学习来说，当你在学习中体会到了乐趣，为了得到这种乐趣你就会用心去学，这个乐趣可由克服困难的喜悦、别人（父母、老师、同学、社会等）的认同等产生。因此，学校就要创造更多的机会，让教师获得成功感和认同感，形成教师的内动力。有了内动力，学校不用督促，教师们就会挤时间完成研修任务。相反，如果教师没有动力，总是被学校牵着鼻子走，不但研修没效果，反而会引起教师的反感。

在学校中，教师的追求目标，就是在自己的岗位上得到成长，工作得到认可，这就是教师工作和学习的内动力。为了满足不同层次教师的追求，学校搭建各种教师成长的舞台，促进教师专业化成长。我校把全校教师分为青年教师、青年骨干教师、学科带头人、名师，并且鼓励青年教师按三年站稳讲台，五年成为青年骨干教师，十年成为学科带头人，十五年成为名师的线路图成长，使教师在每个阶段都有上进的空间。

为了帮助教师成长，学校进行一对一的师徒帮扶结对，以老带新，使青年教师快速成长。同时，搭建各种成长舞台，如每学期青年教师都要上一节汇报课，骨干教师上一节示范课。除此之外，每年还进行教学大比武，班主任技能大赛等，让教师们大展身手。优胜者不但获得荣誉，而且获得学校对外上公开课的资格。每学年末，通过营造公平、公正、公开的竞争环境，评选出优秀教师、优秀班主任、优秀党员和学校的最高荣誉"龙岭之星"等，让教师们的付出得到充分的肯定。在此基础上，通过民主推选参加上一级的荣誉竞选和选送到上一级培训班培训，这样激励教师在专业道路上不断学习，不断提高自己，不断获得荣誉。而荣誉的获得，也为教师们的下一个职称或职务晋升积累必要的材料，为教师的专业成长提供源源不断的动力源泉。

3. 把点面结合作为校本研修的实施机制

教师的研修学习，需要一个长期的过程。而且并不是每个教师的学习能力或动机都是那么强烈。所以，要大面积收获研修成果，就要点面结合实施研修。具体来说就是先面后点。面，就是教师全员培训，营造氛围。通过请专家到校开讲座，更新全校教师的理念，让教师认清当前的形势，了解大致的研修方向和内容，找出自己的不足，达成研修的共识。点，分两步走，第一步，培训骨干教师。在学校中挑选一些业务能力强、威信高、乐于奉献的学科带头人出去学习，掌握研修的知识和技能，为学校的全面研修储备师资和技术力量。第二步，分主题和小组培训，把难点逐个突破，难题逐个破解。在全面培训的基础上，根据个人对知识和技能的掌握情况，再进行有针对性的小组学习，在学习过程中遇到的问题，通过老师之间的互相帮助解决。这样，研修就有的放矢地解决教师实际存在的问题，提高了研修的效率，增强了研修的效果。

譬如，我校在进行"云课堂"资源平台的应用校本培训学习时，先派几个骨干教师出去学习资源平台的使用方法，让他们熟练掌握这门技术，为下一步研修做准备；再请专家到学校对教师进行集中培训，让全体教师初步了解当前的形势和"云课堂"资源平台的作用、功能等，找出学校和教师的现状与时代的差距，增强教师对学习的渴望；然后分科组进行具体的实操培训，通过小组的形式进行学习。教师们边学习边应用，在应用中摸索，在摸索中提高，而已经掌握该技术的骨干教师充当辅导教师，帮助其他教师完成学习任务。

4. 把考核奖励作为研修的保障机制

校本研修要收到良好的效果，考核、奖励是非常必要的，这是按时按质完成校本研修的基本保障。在学校里，校本研修虽然对解决实际问题非常有效，但不排除部分教师存在马虎应对的现象。就像我们的教学一样，如果没有了考核，教师就会随便地备课，随意地上课，学生也会马虎对待，这样，教学质量肯定不能保证。所以，在每次的校本研修前，都要制订考核和奖励方案，以鼓励先进分子和鞭策后进分子，保障研修的实效。

我校在进行教育信息化的校本研修时，研修方案就要求：通过专家讲座、专题辅导和自主学习以后，每位教师都能掌握"云课堂"优质资源平台备课、上课、组卷和布置作业等操作技术，并学会制作微课，上交一节微课。研修结束后，学校将按原来定好的学习目标对每位教师进行考核，考核合格后，才能参加学校期末的评优、晋升等。同时，对上交的微课进行评奖，并颁发荣誉证书和奖品。通过考核和奖励，全校掀起了教师校本研修的热潮，充分调动了教师学习的积极性，使每一位教师都非常认真地完成自己的研修计划。同时也涌现出众多学习积极分子，树立了学习的好榜样，增强了研修的实效。

三、结束语

"路漫漫其修远兮，吾将上下而求索"，学习永远在路上，要使教师不断地学习，更新知识，就要建立长效的激励机制，保障教师持续学习的激情。

第三节 信息化环境下物理教学的误区与对策研究

一、引言

在信息时代，大数据、云计算、3D动画、微电影、微课、录像课等新技术已经常态化进入课堂，这些新技术正深刻地改变着传统教学模式，对教育产生了前所未有的影响。信息技术的应用，使师生的资源得到共享，教育变得更加均衡，教学内容变得丰富，教学手段变得多样，效果变得更加明显。教育信息化带动教育现代化。新技术带来方便的同时，也把部分教师带进了一些误区——把物理规律变得虚拟化。完全用电子化的东西代替现实的物理教学，使学生远离实验，减少学生在物理学习中的动手和感悟，削弱学生对物理规律的探索能力，这不利于学生以后的学习和发展。《教育信息化2.0行动计划》指出，教育信息化要实现从专用资源向大资源转变，从提升学生信息技术应用能力向提升信息技术素养转变，从应用融合发展向创新融合发展转变。如何把现代信息技术与物理课堂的教学深度融合，取得最好的教学效果，是专家们及研究学者们值得探索解决的问题。

二、信息化条件下物理教学的误区

随着教育信息化的深入应用，一些物理教师很自然地陷入信息化教学的误区，主要表现在以下三方面。

1. 以3D动画等代替演示实验

随着优质电子资源的逐渐共享，生动的3D动画或录像很受教师的青睐，上课时，教师喜欢播放这些动画或录像来渲染课堂的气氛，一些本来可以用实验

73

器材演示的物理实验，直接用动画展示一遍就算了。这些教师误认为这样学生就可以把物理原理看懂，学好物理，以动画代替演示实验，再也没有实验器材进课堂了。

2. 以虚拟实验代替物理实验

信息技术的出现，特别是人工智能的应用，让几乎所有的物理实验现象或原理都实现可视化。在实验的设计上，完全可以模拟真实的场景，甚至用不同的数据做出不同的实验效果，还可以通过电脑操作完成不同的实验。例如选器材、摆设仪器、连接电路等都可以通过鼠标，动几下指尖完成，还有对应的实验数据，一个完整的实验就如打游戏一样全部在电脑中完成。由于虚拟实验的优点很多，部分教师就误以为可以用虚拟实验来代替现实实验了，学生不用走进物理实验室就可以完成实验了，使物理与现实生活脱节。

3. 用电子作业代替传统的纸质作业

"云课堂"平台已经实现智能化，已经在课堂教学中广泛应用。教师在教学中，一味追求时尚和方便，从学生预习到课后作业，全部电子化，使学生在物理学科上脱离现实，书写功能弱化，难以适应学习环境的变化，这不利于学生的可持续发展。

三、以信息化手段提高物理课堂效率的优化方略

在教育教学中，信息化给管理、教育、教学和教研等方面都带来了便利，提高了效率。教育信息化条件下，应如何充分利用现代技术手段，增强课堂教学效果，让物理教学回归生活，用实践检验真理、发现新规律，让实验和实践成为学生学习物理的主流，是个值得探索的课题。以下是笔者根据教学实践经验以及目前在物理教学中存在的问题所提出的优化策略。

1. 以3D动画激发学生的兴趣，用自主动手实验巩固效果

模拟现实的3D动画，确实给我们的物理教学带来了很多便利。3D动画的出现，实现微观的物理现象可视化，把物理原理放大化处理，把原来枯燥和抽象的物理现象和原理变得生动有趣，增强了物理教学的效果。为了避免物理教学的误区，我们要利用这些动画的优势来激发学生的学习兴趣，引导学生思考，启发学生思维，把学生从动画中引入动手做实验中去，做到理论与实验相结合，虚拟与现实相结合，增进学生对知识的理解和掌握，提高课堂效率。

例如，初中的"简单电路"这一节课，先用3D动画播放电路的组成和连接、电流的形成和流向及现象等，通过直观和生动的动画，把看不见、摸不着的物理原理完整地展现出来，使学生从感观上学习电路的知识。然后，把电池、开关、带灯泡的灯座、导线等实验器材摆放在讲台上，引导学生利用刚才观看动画学到的电路知识，思考简单的电路如何连接，会有怎样的实验效果等。接下来让一个学生上讲台连接电路，其他学生观察这个学生连接电路，边观察边判断电路有没有连接正确，当电路连接确认无误后，让学生通电，观看实验现象。通过这样的一个过程，利用先进的信息技术，把课堂还给学生，让学生都能参与到课堂中来，自主解决现实的问题，培养了学生的自主学习意识，锻炼了学生发现问题和解决问题的能力。

2. 以虚拟实验满足学生的好奇心，用实验检验真理

物理是建立在实验基础上的学科，实验是学好物理的基础。考虑到安全和成本，学校的实验室难以满足学生对实验的各种好奇心。虚拟实验有高度的仿真性和安全性，实验的效果也接近真实，可以用于进行各种实验探究特别是有危险性的实验探究，以满足学生对实验的各种欲望。它的优点很多，如可以节约耗材，减少实验器材的损耗，还可以增加学生的实验次数，让学生可以探究自己想探究的问题，丰富学生对不同情景产生不同结果的想象，满足学生各种奇特的想法等。

例如，在跟学生讲"强电的短路"的物理现象时，我们不能让电路直接短路，这样会起火，引发灾难。学生就非常好奇，如果短路会造成什么后果呢？但这个实验是不能在普通的场室做的。如果用虚拟实验，学生就可以随心所欲地动手探究电路实验（包括短路）的各种现象，增长自己的知识。做过虚拟的实验后，学生就可以找出合理、安全的实验参数，然后用真实的实验仪器进行实验，通过做实验、测量数据，再次验证虚拟实验的结论是否准确。这样，虚实结合，既可以满足学生的好奇心，又确保实验的效果和安全性，还加深了学生对知识的记忆。

3. 以电子作业作为互补，用人工智能提高效率

提高学习效率，一直是我们教育追求的目标。人工智能的应用，可以帮助教师进行计算和数据的快速处理，减轻教师的工作量，提高效率。"云课堂"有丰富的优质资源、快速的计算能力、强大的大数据分析处理能力，加上微课和录像课的应用，使学生课前自主学习和检测得以实现。人工智能的应用，使学生的学情、掌握的知识点总结等都能做到个体化呈现，这给教师制订相应的教学方案提供了数据支撑，做到因材施教，同时，大大减少教师批改作业、统计学情等的工作量。"云课堂"平台有很多优势，所以我们要好好利用"云课堂"平台为我们课堂服务，把它的人工智能和学生平板结合起来，就很容易做到让学生积极参与到课堂中来，增强学生的学习自主性。上课时，它还可以实现学生的课堂练习及时反馈，教师可以有针对性地进行评讲和复习，减少做无用功，科学地掌握好课堂时间，提高课堂效率。

例如，传统的课堂练习，一般只能抽样叫几个学生上黑板做，题目也最多只能做一到两题，课堂上我们做的只能抽样调查，而用"云课堂"平台加平板进行课堂练习，题量就会大大增加，而且可以对全班学生的数据进行统计分析，反馈更全面、更精确，这样我们就能更有针对性地解决课堂上出现的问题。

电子作业的出现，让学生学习的自主性更高。学生在提交作业的同时，便可获得即时的反馈结果，学生根据反馈结果，可自主解决学习中出现的问题。同时，减轻了教师批改作业的负担。为了使电子作业的作用最大化，物理作业的选择题一般选择电子作业，其他题型做纸质作业。这样，既加大了课堂的知识容量，又锻炼了学生的书写能力，还可以减轻教师的负担，大大增强了物理课堂的效果。

四、结语

随着信息时代发展水平的不断提高，信息技术与课堂教学的结合也越来越紧密，也不断碰撞着课堂的教学模式，促进课堂的改革，因此，广大教师应抓住信息时代所提供的优质资源和先进的技术手段，立足于目前课堂教学中存在的问题，努力探索新策略以优化课堂教学质量。同时笔者所提出的以信息化手段提高物理课堂效率的优化方略是具有借鉴性的经验，期望教师们在实践的过程中进行验证，并不断优化课堂教学策略，以切实促进课堂的教学效率和教学效果。

第四节　虚实融合初中物理实验教学模式的探究与实践

一、社会背景

信息技术高度发达的时代，世界万物通过信息技术和互联网技术达到互联互通，整个世界将进入智能控制和远程控制的境界。社交平台、虚拟游戏、虚拟货币、网络购物、移动支付等已经进入我们的生产和生活，这些虚拟技术，给社会带来了很多便利，也提高了生产效率和人们的生活质量。

信息技术也给教育带来了变革，国家非常重视教育信息化，提出通过教育信息化带动教育现代化。目前，很多省市都出台了初中物理实验操作考试，这就考验学生在实际操作中发现问题和解决问题的能力。但就目前的情况来看，绝大多数初中物理实验的开展都局限于学校，限制了学生进行物理实验的时间和空间。在5G信息时代来临之际，如何利用3D仿真技术融合初中物理实验，搭建"互联网+"虚拟实验平台，激发学生的学习兴趣，开创线上线下相结合的实验教学模式，达到"虚实融合、学懂弄通"的效果，是我们目前要解决的问题。

二、初中物理教学的痛点

目前，全国各地的高考改革方案陆续出台，高校招生的专业目录也相应出台，以物理作为选考科目的专业最广，广东等地的高考把物理作为必考科目之一，可见，物理在今后的地位越来越重要，我们必须予以高度重视。初中作为物理的入门阶段，学生对初中物理的兴趣和成绩将直接影响到高中课程的选择，进而影响到大学的专业录取。而目前学生对物理的学习情况还是不容乐观，主要表现为以下痛点。

1. 实验少成为削弱学生物理学习兴趣的主因

物理是建立在实验基础上的一门学科，对于刚学物理的学生来说，兴趣是非常深厚的。受应试教育的影响，教师过于功利，传统的物理课堂教学方式以传授为主，学生通过死记硬背的方法学习物理。预习，老师要求回家看书，记住物理规律或原理，课堂上，老师把物理原理讲过以后，通过课堂练习让学生熟练考试题型，再通过课后作业巩固课堂知识。这样，教学的进度赶上了，也保证学生有足够的时间做习题，考试也基本上能通过。在这样的教学方式中，学生对物理还是一知半解，遇到较为抽象和难理解的物理知识，学生没有亲身经历物理知识、规律的演练，难以理解和应用。这种缺少物理实验的传授方式让学生逐步失去了对物理的兴趣，产生厌学情绪，把学习物理只作为应付考试的任务。

2. 实验难成为制约学生提高物理成绩的瓶颈

物理平均成绩低是全国各地考生的通病，初中物理做实验少成为大部分地区不争的事实，有些学校就算做实验，也是老师挤一点时间到实验室做验证实验，这对很多学生来说，算是很难得的机会了。而学生会抓住这宝贵的时间按要求完成验证实验，学生只能被动地接受知识，做实验只是为了巩固知识，没有机会把物理实验作为深入了解物理原理的手段。在碰到自己做过的实验步骤或结论时，学生的成绩就会高，当题目稍做变化或考核学生发现问题、分析问题和解决问题的能力时，学生的作答就很差。久而久之，学生就失去了物理探究的兴趣和能力，从而制约着创新思维的发展。

3. 实验贵成为物理实验教学的"拦路"虎

物理实验是学好物理的最好方法，这是所有物理老师的共识。但做实验就会有器材的损耗，特别是做探究实验，做一次实验很多器材可能就作废了，每次实验都有器材的损耗。长期这样下去，物理实验就成为学校的一种经济负担。除此之外，实验前的准备、实验后的器材检查、器材的不断更新、实验过程中的辅导管理等，一节物理课所投入的人力、物力和时间就较多了，慢慢地很多学校就减少对物理实验的投入，以减轻学校的负担。这样，物理教学又回到死记硬背了。

三、虚实融合初中物理实验教学模式的探究与实践

本文的"虚"是基于"互联网+"的信息技术，包括3D仿真实验技术，大数据、云计算、云课堂资源学习平台等；"实"指的是结合生活实际、演示实验和分组物理实验等，虚实融合初中物理实验教学就是利用虚拟的仿真技术和实际的物理实验互相融合，建立新的物理教学模式，增强初中物理教学的效果（见图1）。

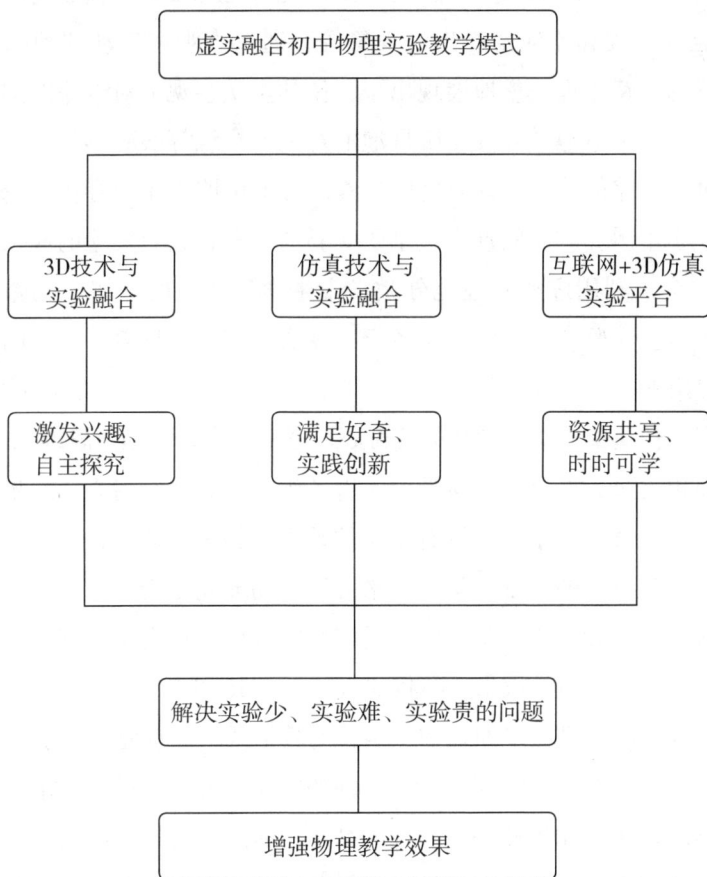

图1　虚实物理实验教学构架图

1. 以3D动画激发学生的兴趣，自主动手培养探究精神

兴趣是最好的老师，激发学生学习物理的兴趣，是学好物理关键。初中阶段的学生认知模式还是以感性认识为主，3D动画情境逼真、画质优美、形象生

动，是初中生喜欢的音像作品。所以我们在教学中可以增加虚拟的动画视频，强化视觉效果。3D动画的教学，可以实现微观的物理现象可视化，把物理原理放大化处理，把原来枯燥、抽象的物理现象和原理变得生动有趣，增强了物理教学的效果。在课堂教学中，我们先利用这些动画的优势来激发学生的学习兴趣，引导学生思考，启发学生思维；然后，让学生根据虚拟实验的情况动手做实物实验，做到理论与实践相结合、虚拟与现实相结合、教师引导与学生探究相结合，增进学生对知识的理解和能力的锻炼，增强教学效果。

例如，初中的"简单电路"这一节课，我们先用3D动画播放电路的组成、连接、电流的形成和流向及产生的现象等，通过直观和生动的动画，把看不见、摸不着的电路原理完整地展现出来，使学生从感观上对电路的知识有初步的认知。然后，把电池、开关、带灯泡的灯座、导线等实验器材分给学生，让学生自行进行电路的连接，同桌之间检查对方的电路，小组合作讨论解决出现的问题，让学生感受实验的魅力，享受实验的过程，收获实验的成果。通过这样的虚实融合，利用虚实实验充分激发学生学习物理的兴趣，把课堂还给学生，让学生自主实验参与课堂，自主解决现实的问题，培养了学生的自主学习意识和探究精神。

2. 以虚拟仿真实验满足学生的好奇心，虚实融合培养创新思维

爱因斯坦说过，好奇心是科学工作者产生无穷毅力和耐心的源泉。学习也是如此，没有好奇心，学习就没有钻研的动力。物理是建立在实验基础上的学科，实验是学好物理的基础。学生本来对新事物充满好奇，对物理实验充满期待，但考虑到安全和成本，学校的普通实验室难以满足学生对创新实验的好奇心。为了增强物理课教学效果，我校建设了一个3D仿真实验室，所有的实验都可以完成，虚实融合进一步加强物理实验的教学效果。首先，让学生用3D虚拟实验进行各种实验的探究特别是有危险性的实验探究，以满足学生对实验的各种需求。然后，根据3D实验探究出来的结论，通过真实的实验加以验证。如此一来，既可以减少实验器材的损耗，增加学生的实验次数，还可以让学生探究自己想探究的问题，尝试对不同情景产生不同结果的试验，满足好奇心，加深对实验原理的理解，锻炼探究规律、发现规律、总结规律的能力，培养创新思维。

例如，在跟学生讲"强电的短路"的物理现象时，我们不能让电路直接短路，这样会引起火灾。学生就非常好奇，短路会造成什么严重后果呢？但这个实验在普通的学校实验室是难以操作的，并且有一定的危险性。如果用虚拟实验，学生就可以随心所欲地动手探究电路实验（包括短路）的各种现象，增长自己的知识。然后，播放一些强电短路的真实视频给学生看，让学生知道电路短路的后果。为了进一步满足学生的好奇心，在实体实验方面，我们可以利用低压直流电池做实验，通过测量电压、电流的变化来判断电路是否短路，并引导学生解决电路短路的问题。通过虚拟融合的实验，学生就非常深刻地理解了什么是短路、为什么电路不能短路以及如何解决短路问题等，避免在现实生活和生产中造成电路短路，酿成灾难。

3. 以"互联网+"虚拟3D仿真实验室为平台，资源共享实现时时可学

实验是学习物理的最好方法，是自主探究掌握知识的最佳途径。随着信息化时代的到来，我们的学习方式也发生了改变，"互联网+"学习已经成为很多人学习新知识的一种有效途径。移动互联网的实现，特别是5G时代的到来，使我们的"互联网+"应用更加广泛，大流量的实时交互已经无实现障碍。我们通过"产学研"合作，与科技公司合作，共同开发与建设"互联网+"3D仿真虚拟实验平台，利用网页版的操作软件，为初中学生提供全部物理的3D仿真器材，让学生在家就可以利用电脑或手机进行虚拟实验，使学生随时随地都可以做"实验"，做到物理实验自主化、个性化。同时，利用云资源平台建立学生大数据，记录学生做实验的轨迹，精准掌握学情，实现教师远程精准辅导和批改学生实验作业，做到因材施教。

我校根据初中物理的教材，把所有的实验都做成3D仿真实验，搭建"互联网+"3D仿真实验平台。课前，教师给学生推送物理实验学习任务单，让学生自主进行探究，并根据实验数据找出物理规律和积累问题；课堂上，学生有针对性地提出疑问，充分讨论后，通过虚实实验，共同解决重点问题。如"探究欧姆定律"这节内容，我们就把电压表、电流表、电源、灯泡、导线等3D仿真资源推送给学生，让学生在家里用电脑进行虚拟实验。要求学生利用课本知识和自主探究的实验数据，总结出欧姆定律。回到学校后，再到实验室进行欧姆定律的实验验证。这样的虚实融合，把以前无法让学生提前自主探究实验的困难解决了，同时还详细记录了学生的实验过程轨迹，使学生的学习变被动为主动，彻底改变了学生的学习方式，也改变了师生课堂以外的学习互动方式，让学生成为学习真正的主人。

四、结束语

在信息技术高度发达的今天，教育教学模式也随之改变，学生的学习时间更加自由，学习空间更加广阔，学习效果更加明显。虚实融合初中物理实验教学模式，解决了目前学生面临的学习物理各种困难。就我校虚实融合初中物理实验的实践情况来看，该模式解决了物理实验少、实验难、实验贵等问题，大大激发了学生学习物理的兴趣，做到"人人皆学、处处能学、时时可学"，培养了学生发现问题、解决问题的能力，开拓了学生的创新思维，锻炼了学生的实践能力，达到了虚实融合、学懂弄通的效果。

第 六 章

特色美校，办学个性化

第一节　以特色建设促进学校的优质化发展

一、什么是优质学校

优质学校是一个相对的、动态的、发展性的概念，它的内涵随着时代的进步而不断变化。一般人认为，有好教育的学校就是优质学校。十九大报告也指出：必须把教育事业放在优先位置，加快教育现代化，办好人民满意的教育。我认为这就是优质学校的标准，人民满意了，学校就是优质学校。我们的任务是：全面贯彻党的教育方针，落实立德树人根本任务，发展素质教育，推进教育公平，培养德智体美劳全面发展的社会主义建设者和接班人。

东北师范大学马云鹏教授认为，优质学校作为一种文化，建基于一套假设体系和价值观系统，形成了相应的实施策略与路径，产生了一系列独特的问题与经验。他认为，建设优质学校是一个永无止境的追求卓越与不断成长的过程。只要充分认识自己的位置，明确并且坚持变革的方向，采取有效的学校变革策略，每一所学校都有可能成为优质学校。相对其他学校，优质学校一般应具备以下特征：学校具有可持续发展的机制；在历史过程中，形成共同的教育价值观；能包容各种个体差异；把"促进每一位真实的学生个体的发展"作为学校的办学追求；学校具有追求卓越的理想；学校充满创新精神。归根到底，优质学校是一种理想、一种文化。经过多年的研究，他不得不承认，很难对优质学校下一个确切的定义。

个性化办学是学校优质化的一个重要途径，它的目标与任务是注重创新、突破常规。可以说，个性化办学是学校优质化的至高境界。个性化办学强调学校要自成一格、独树一帜，并逐步做到办学理念的创新、管理制度的创新、教育教学模式的创新。因此，我们必须把学校办出特色，以达到学校优质化的目标。

二、学校特色是什么

学校特色，就是一所学校整体的办学思路或者在各项工作中表现出的积极的与众不同之处。办学特色是一所学校积极的、进取的个性表现，一个学校的特色使之区别于其他学校。简单地说，就是人无我有，人有我优，这是学校区别于其他学校的一张名片。

它具有以下特性：

（1）独特性。它区别于其他学校，更突出，更有特点。

（2）先进的、优秀的乃至卓越的。学校特色一定是优质的，一定是有利于学生发展和社会发展的。

（3）校本性，即依据学校的特点发展起来的。各个学校应依据各自的特点发展其特色。

（4）学校特色具有相对性。学校的特色可能会随着时间和地域的不同而改变，特色就要不断地创新。特色也不仅局限于教育教学，在后勤和其他方面也可有特色，和教育教学特色成为一个整体结合起来，共同促进学校的发展。

三、我校的办学思想

我校现已形成一套一体化的教学思想体系：

（1）办学理念：全面发展乐成长，个性创新活成才。

（2）校训：崇真、扬善、尚美、领先。

（3）校风：文明、和谐、拼博、创新。

（4）教风：博学、严谨、善导、高效。

（5）学风：勤奋、善思、进取、感恩。

（6）共同愿景：培养活力少年，创建幸福乐园。一是指教师、学生在学校读书有幸福感；二是幸福的源地，在龙岭学校读书，从小就为终生幸福打下坚实的基础。

（7）龙岭精神：努力拼搏，不断超越，追求卓越。

四、特色项目的作用

1. 特色是学校优质化的切入点

学校在达到优质化之前，必须找到一个切入点，搞出特色，让别人对学校有一个特别难忘的印象，然后通过特色教育，在各种平台中充分展示学校的特色，从而打响学校的知名度。特色教育可以使学生的个性得到充分的发展，因此，学生也会在这种比赛或展示中容易取得优异的成绩，成绩多了，学生和老师就会越来越自信，学习和工作就会越来越起劲，学校的各个方面都会慢慢地变好，也就是成为优质学校。我校的剪纸特色、教育信息化、校本课程的实施等开展得很好。

2. 学校特色是提升学校知名度的广告

学校想出名，除了口碑相传外，还要借助自媒体的力量。而媒体要的就是特色，我校的剪纸特色得到电视台黄金时段的新闻报道，我校的翻转课堂在全省教育信息化现场会上展示，我校的校本课程经验在广东省中小学特色课程和特色教材成果交流会上分享，我校的教育信息化得到多家权威媒体的报道，这些都是特色教育使学校的知名度提高的案例。

3. 学校特色是凝聚师生的黏合剂

俗话说得好，人逢喜事精神爽。一个学校若从来没有任何荣誉，师生就没有集体荣誉感，没有集体荣誉感，就没有凝聚力，也就没有战斗力。特色教育使学生个性发展，也会给学校带来荣誉。一个学校如果每个学期都有很多喜报，全校的师生就会得到长期的鼓舞，这就像无形的黏合剂，把全校师生凝聚在一起，增强师生的战斗力。

五、我校的特色项目

（一）开设校本课程，满足学生个性需要

我校开设的校本课程情况：学校通过几年的开发和实施，已经形成了多个系列的校本教材，如科技创新系列、艺术创作与欣赏系列等，共开发了40多门校本课程，促进了学生的个性发展。

学生在各种比赛中屡获殊荣，我校校本课程方案荣获"广东省中小学特色课程和特色教材优秀成果评比二等奖"，《数学之美》《科技制作》《舌尖上的中国文化》校本教材分别荣获"广东省中小学特色课程和特色教材优秀成果评比一、二、三等奖"，学校田径队连续四年夺取市直田径运动会团体总分第一名，学校合唱团连续三年荣获一等奖，剪纸特色在中国教育电视台新闻报道中被专题报道，创新团队在广东省比赛中多次荣获一、二等奖等。

（二）创建教育信息化，创建智慧校园

1. 我校教育信息化的建设情况

在教育信息化的硬件建设方面，我校接入了办公互联网500M宽带，每个教室100M宽带，无线WiFi校园全覆盖，全校师生开通使用"云课堂"优质资源平台和"公共服务平台""人人通"，实现了"三通两平台"的目标。

2. 信息化的应用情况

（1）"人人通"+安全，安全知识记心间。学校为全体师生、家长开通安全教育信息化平台，定期组织动员师生、家长利用安全教育信息化平台学习校园安全课程，利用"人人通"的视频，提高学生的学习兴趣，营造人人关心学校安全、时时关注学校安全的浓厚氛围。同时，面对网络对学生们的侵蚀，与其限制学生上网，不如采取疏导的方法加以引导。方法包括：①学校通过定时向学生推送真实的视频案例或新闻案例，让学生认识到网络上存在的各种安全隐患，学会在虚拟的网络世界中保护自己的利益，理智地对待各种诱惑，抵制不良思想的侵蚀；②指导学生认真学习国家发布的《全国青少年网络文明公约》中的"五要五不"，懂得基本的对与错，增加网络道德意识，分清网上善恶美丑的界限。

（2）"人人通"+德育，德育显成效。学校通过"人人通"开办网上家长学校，定时向家长们推荐育儿心得，班主任和德育导师进行网上"家访"，欢迎家长参与学校管理，实现家校联教；政教处和团委联手开设"心灵驿站"专栏，选派熟悉心理学的教师在线指导，让学生在网络中跟老师"倾诉"，使其保持健康向上的心理；定期开展"绿色上网"主题活动，搜集一些与学生有关的、品位高雅的网站，通过"人人通"平台向学生推荐，引导学生学会分析问题，认识美丑，自觉抵制网络中的"黄、赌、毒"，从网络中汲取有益的精神食粮，拓宽视野，让网络成为他们课外生活的良师益友；利用网络信息资源，生动活泼、形式多样地召开主题班会，建立主题班会制，使德育教育生活化和信息化；开通"校园德育公众号"和"班级管理公众号"，以此为平台，积极创设网络德育环境，向学生和家长们进行社会主义核心价值观的渗透教育，引导学生"崇真、扬善、尚美"，变灌输为渗透，变他律为自律，使网络平台真正成为"互联网+"时代德育工作的有效载体和重要阵地。

（3）"云课堂"+教学，教学质量节节高。学校定期组织全体教师学习现代教育论，更新教育理念，转变思想，自觉把现代教育论应用到教育教学过程当中。利用"云课堂"优质资源平台，把现在流行的人工智能、云计算、大数据等先进技术应用到教学中去，为教师掌握学生学情，因材施教提供精准数据，为学生自主学习提供便利，培养了学生发现问题、分析问题和解决问题的能力，同时，也培养了学生的创新精神。

（4）"公共服务平台"+管理，管理水平不断提高。利用"互联网+"的管理理念，学校的办公实现了自动化、无纸化、智能化、高效化，管理水平不断提高，既环保又高效。

教育信息化使学校的各项管理都上了一个台阶，促进学校特色发展，促进教师专业成长，促进学生创新学习。

六、结束语

学校的特色形成，既要经过设计与建设，又要在实践中沉淀。我们在建设学校的特色时，要找准自己的定位，用创新的思维、新颖的方法做到与众不同，追求卓越，让学校的或某一些方面在本地区或全国成为一面旗帜，以特色建设促进学校的优质发展。

（茂名市中小学骨干教师培训班讲座稿）

第二节　挖掘文化内涵　创设校本课程
提升办学品位

——茂名市龙岭学校2014学年度"创强争先"特色经验交流会发言稿

一、学校基本概况

茂名市龙岭学校位于茂名市区小东江畔，创建于2007年，是一所公办的九年一贯制学校。校园占地26001平方米，校舍建筑面积25002平方米，现有教职工206人，学生4819人。我校以"全面发展乐成长，个性创新活成长"为办学理念，以"培养活力少年，创建幸福乐园"为办学目标，依法治校，全面贯彻教育方针，全面实施素质教育，与时俱进，开拓创新，办学条件日臻完备，教育教学质量逐年提高，办学业绩优异，特色明显，成为茂名地区具有向地区辐射作用的现代化学校。学校先后获得"全国文明交通示范学校""广东省书香校园""广东省安全文明校园""茂名市优秀学校""茂名市德育示范学校""茂名市平安校园"等50多项荣誉称号。

二、主要工作措施和工作成效

（一）依托科研兴校，依法民主管理

学校以科研兴校作为推动创新发展的理念，研究先进的管理方法，建立完善的规章制度，实现依法治校、民主管理。为了取得实效，学校要求人人都要有课题或参与课题研究。现在，浓厚的教研氛围已经形成，学校正、副校长各自作为主持人立一项省级课题，同时每个科组至少有一项市级以上的课题正在开展研究和实践。2013年由郑明祥校长主持的广东省教科研"十二五"规划课

题"九年一贯制学校高效管理探究与实践"得以批准立项，我校以此课题研究为契机，建立健全了各项规章制度。2014年，我校通过了《茂名市龙岭学校期末绩效奖励及年度优秀教师评选方案》，使学校对教师的管理更加民主化，也极大地调动了广大教师的工作积极性。同时学校通过全体教职工会议、教师代表大会、校务会议和财务公开、发放征求意见表等形式，调动全体教职工参与民主学校管理的积极性，促进学校各项工作不断完善，使我校的办学水平不断提高。

（二）加强信息化建设，走进"互联网+"时代

2014年，学校接入200M互联网，所有的教室、办公室都连入了因特网，实现了班班通，校园无线WiFi全覆盖，为我校走进"互联网+"时代装上强力"引擎"。

我校把信息技术与学科整合，把德育创新作为教学的研究重点之一，致力探索信息技术与研究性学习、自主学习、任务型学习和学生思想德育整合的新路子。我校教师利用微信公众平台、Q群等互联网手段向学生开辟了"作文天地""中考答疑""心灵鸡汤""你说我听""卫生与健康""微信课堂"等主题栏目，引导学生充分利用互联网资源，正确认识和吸收互联网知识，既有效地改变了学生的学习方式，培养了学生的自控力和辨别是非的能力，又加强了师生的互动，增进了师生的友谊，收到了良好的教育效果。

（三）注重文化育人，实现自我管理

实施文化育人，实现自我管理是学校一直追求的目标。学生在浓厚的积极向上的校园文化中学习，教师在团结协作、敢于创新、勇于担当的管理文化中工作，学校呈现出生机勃勃、欣欣向荣的景象。

1. 校园文化墙内涵丰富

我校利用学校教学楼外墙对学校"培养活力少年，创建幸福乐园"的办学目标和"勇于拼搏、不断超越、追求卓越"的龙岭精神进行宣传，利用教学楼的各通道墙壁和柱子的装饰分别就"培养和践行社会主义核心价值观""国学文化教育""文明礼仪养成教育""感恩教育""安全教育""名人典故教育""环保绿色"等主题板块对全体师生进行文化熏陶。学校文化墙选材典型、知识性强、教育意义深、内涵丰富、图文并茂、通俗易懂，适宜广大师生阅读。学校文化墙与优美的校园环境交相辉映，温馨的警示语、熟悉的名人名

言，使广大师生在潜移默化中树立正确的伦理道德观念和人生价值观念，提升品德修养，塑造健全人格。

2. 班级文化建设异彩纷呈

我校积极倡导班主任带领学生开展具有特色的班级文化建设。具体通过制定富有特色的班级口号，建立健全班级制度，发挥每一位学生的创造力，积极参与班级布置并定期更换，让每一堵墙都会"说话"，形成健康向上、富有成长气息的物质文化环境。通过定期组织丰富多彩的班级活动，培养学生的合作意识，增强班级凝聚力，提高班级精神文化建设。

（四）创设多元校本，满足成长需求

校本课程开发是实施素质教育的要求。校本课程的开发，有利于改变学生的学习方式，为全校师生的全面发展提供广阔的平台。

1. 校本课程开发历程

2013年至今，我校进行了两轮校本课程开发。我们以科组为单位，根据学科特点、不同年级学生的认知规律和生活实践需要，以激发学生的兴趣爱好、发挥学生的个性特长为目标开发了30多个校本课程。比如，音乐科组分别在小学低、中、高年级和初一开设了"舞蹈""竖笛""葫芦丝""合唱"等课程；体育科组开设了"花样跳绳""乒乓球""毽子""趣味篮球"等课程；美术科组开设的课程有"趣味剪纸""趣味陶泥"等；英语科组开设的课程有"听歌学英语""看电影学英语"等；物理科组在初一开设了"小发明小创作"等。同时，我们还成功编写了12本校本教材，如学科教材《趣味数学》《生活中的物理》等，活动教材《趣味跳绳》《棋乐无穷》等，特色教材《剪纸文化》《乡土音乐》等。

2. 校本课程的实施与收获

每学年，我校都根据国家课程标准需要制定《茂名市龙岭学校校本课程开发与实施方案》，由教研室负责提出课程实施监控的具体方案，组织实施校本培训、校本教研，实施教学常规管理，调控、反馈课程计划的执行情况，并为课程实施做好课题研究和科研资讯服务提供，总结经验，推广成果；各学科组根据学科特点，制定本年级、本学科的课程计划；学科组组长和副组长则从规划、组织、协调、管理督导、评价等诸方面加强组织指导；全体教师积极参与课程的开发、设计和实施。

校本课程的开发与实施，提升了我校教师课程开发、实施及评价能力，发展了广大师生的特长爱好，让每一位学生在知识、能力、情感、道德和身体诸方面都获得了个性发展，为学生的终生幸福奠定了坚实的基础，体现了我校"全面发展乐成长，个性创新活成才"的办学理念，实现了"培养活力少年，创建幸福乐园"的办学目标。2013年至今，我校通过校本课程的实施，培养了一大批个性发展优秀的学生，两年来，共有师生300余人次荣获市级以上奖励。其中，我校参加广东省中小学英语创建示范教研组成果交流展示活动被评为初中组"优秀成果学校"；我校连续四年被评为"茂名市教育局市直属学校优秀初中"；学生参加2015年市直属学校举办的"中国梦·茂名情"合唱比赛获第一名；我校体育健儿参加2014年市直属学校运动会勇夺第一，并代表市直参加2014年茂名市运动会获学校组总分第二名；易子艺同学代表茂名市参加2015年省运会获女子标枪第二名的好成绩；我校郭美琳同学2014年以高超的剪纸技术获得"华佗论箭"奖并荣获1万元奖学金；等等。我校以中华剪纸艺术教学为特色的办学成果被多家媒体争相报道。

在落实党和国家教育发展方针政策，深化基础教育改革，全面推进素质教育，推进教育现代化的过程中，我校虽然取得了一定的成绩，但对照"创强争先"标准，我校在办学方面还存在一定的不足。相信在政府、上级主管部门和社会各界的共同关心和大力支持下，在全体师生的共同努力下，我校一定会凭借"勇于拼搏，不断超越，追求卓越"的龙岭精神，朝着"培养活力少年，创建幸福乐园"的方向进一步迈进！

第三节　课堂是内功　特色是名片

———全国第30期初中骨干校长高级研修班赴江苏考察报告

　　2016年4月10日至16日，全国第30期初中骨干校长高级研修班全体成员在班主任韦老师和王老师的带领下，赴江苏苏州市景范中学、苏州市草桥中学校等7所学校进行考察，我们参观了这些学校的校容校貌、校园文化建设和校史室并深入课堂听课、听校长做报告、与校长交流对话等。7所学校各有特色。苏州市景范中学的历史超过1000年，前身是范仲淹捐灵芝坊祖宅（今景范中学所在地）设立的义庄，学校秉承先贤遗风，以"先忧后乐"为校训，以"继承先忧后乐精神，培育既文且正学子"为办学理念，形成了"小规模、精品化、高质量"的办学特色。苏州市草桥中学校的前身是教育家叶圣陶先生的母校，是百年名校，学校传承叶圣陶先生的教育理念，以养成良好习惯为特色，以"一组一品"的课堂模式，办出了自己的特色，办出了自己的品牌，成果显著。华西实验学校，是一所具有现代理念的现代化学校，学校注重华西文化的传承，以教师专业化成长作为学校发展的推动力，以课程改革为创新发展模式，创建一所具有代表性的现代化农村学校。扬州教育学院附属中学引入生涯教育，规划人生，铸造自己的品牌文化，注重课堂改革，国家课程校本化，教育教学质量名列全市前列。南京市金陵汇文中学不断丰富"汇·和"文化内涵，加强校园文化建设，提升教育发展境界，打造高品质教育发展平台，不断促进师生和谐发展、个性发展和卓越发展，取得了一系列优异的成绩。南京市文枢初级中学，让学生在传承文化中发展，以"诚、仁、智、健"为校训，校园文化深厚，是一所历史文化悠久的学校。南京师范大学附属中学新城初中是一所只有11年校龄的学校，它继承附中课程改革的优良传统，结合学生的兴趣爱好和发展需要系统构建素质养成课程、个性选择课程、特长发展课程三类优质课程，每年为学生开设20多门选修课和综合实践类课程，精心打造以素质教育为基础、具有精细化管理特色和高素质人才培养目标的现代化品牌初中。在这次考察中，我收获良多，悟出两点心得。

一、课堂是内功

课堂是一个学校的主阵地，是学校的生命线，它的质量直接反映学校的整体质量，相当于人的心脏。学校要成为一所优质学校，就要练好课堂这一内功。优秀的课堂是符合学生成长规律的，体现以生为本，倡导学生自主学习、个性化学习，以培养学生的创新意识和创新能力。而课堂优劣取决于课程，课程分为国家课程、地方课程和校本课程，国家课程体现国家的意志，地方课程和校本课程体现出地方特色和学校特色。学校要培养德、智、体、美、劳全面发展的创新型人才，就要在课程上下功夫。

1. 把国家课程校本化，做到因材施教

国家教材是全国或全省统一的，但每个学校的学生素质、教学条件等不相同，如果每个学校都照统一的教法，一定会出现"水土不服"，不能满足本校学生需求的情况。所以，要在课堂上取得好成效，就要将国家课程校本化，以达到个性化教学。例如苏州市草桥中学校的"一组一品"苏式课堂，围绕叶圣陶先生"教育为人生"的宗旨提出"教是为了不教"的教学哲学观，立足习惯，实践智慧，一切围绕学生的学进行组织和设计，鼓励学生自己学、教会学生如何学、不教也会学。南京师范大学附属中学新城初中根据学生基础不同的状况，实现英语、数学走班制分层教学，把国家课程校本化，做到因材施教，人人能学，人人学好。

2. 开设培养个性化的校本课程

根据学校和学生的实际需要，开发人文素养、科学素养和学科延伸等校本课程，全面实现素质教育，实现个性化学习，使学生做中学、悟中学，以培养学生的人文素养、创新精神和创造能力。在我们考察的几间学校里，它们的校本课程有专人管理，有专职教师和固定的时间，做到管理规范化，课程个性化，保证校本课程不打折扣地开展。例如它们开设的航模课程、3D打印课程，科技创新课程等，符合学生的学习兴趣，让学生在玩中学，在做中悟，培养了学生的创新意识和动手能力，为将来学生的创造发明打下了良好的基础。

课堂是主阵地，课程是载体。一间学校要打造成为优质学校，必须在课堂上练好内功，安排适合学生成长规律的课程。

二、特色是名片

一间好学校，就是一张让人记得住的名片，它靠什么让人记住？就是特色。特色学校不是把几个活动或一个项目搞好就行了，这只能是学校的特色。特色学校的发展必须是全面的、健康的，就像一个人一样，富有特点，它是由一个"魂"和不同的"体"组成的。

"魂"就是学校的办学理念，相当于人的思想灵魂。它引导学校培养什么样的人，办什么样的学校，怎样办学等，就像一只无形的手，指挥学校的一切教育教学活动。一个学校如果没有理念，就像一个没有灵魂的僵尸，没有自己的思想，缺乏统领的东西，一切活动都没有方向、没有目标，整个学校就像一盘散沙。哪怕学校里每个人都很出色，也只能是一个个散落的珍珠，没能组成一条光彩夺目的珍珠链，不能真正体现出他们的价值。办学理念就像一条无形的绳子，把散落的珍珠串起来，形成一条大放异彩的珠宝，大幅提升其价值。所以，一间优质的学校，必须有一个先进的办学理念，找到自己的"魂"，用它统领学校的教育教学工作。

"体"是学校"肢体"，它由文化、课程、制度、环境等组成，文化相当于人的血液，课程相当于人的肉体，制度相当于人的骨骼，环境相当于人的衣着。

优质的学校，必须由文化引领。文化相当于人的血液，保证每个部位都能健康运作。文化是学校师生员工行为的集中体现，是学校的软实力。它包括显性文化和隐性文化，显性文化是一种符号，是对办学理念的解读和拓展，对人的行为有规范和指导意义。隐性文化是一种行为，它是对理念的认同，把理念变为自觉的行为，是管理的最高境界。例如苏州市草桥中学校养成良好行为习惯的文化，就是围绕"教为了不教"的哲学观而形成的，学校定出了各种各样的良好习惯要求，就是一种显性文化，最终使师生形成各种自觉的行为，达到"教为了不教"的目标，这就是隐性文化。所以，优质学校的教育教学管理就是要打造理念为集体认同的校园文化。

课程是学校办学行为的主体，相当于人的肉体。人的美，就看这个人有没有气质，它决定整体的美。学校的身材究竟是丰满的还是干瘪的，就看学校的课程；如果只有单一的国家课程，就没有显出学校的美。所以，学校要美，就要使课程多样化、个性化。除了国家课程外，还要有体现学校特色的校本课程，用它丰富学生的学习和生活，体现学校办学的活力和学生的能力，突显学校课程的特质美。

制度是学校正常运作的保证，相当于人的骨骼，能站，能走，全靠它支撑。制度是依法治校的重要依据。一所优质学校必定有各种科学的规章制度，这当中，既要有规范制度，又要有奖惩制度，还要有评价制度，用它规范各种教育教学管理行为，保障学校在方方面面的公平公正。

环境是一间学校综合实力的集中表现，相当于人的衣着。人靠衣装，学校靠环境装饰。优雅的环境令人心旷神怡，浓厚的文化氛围处处育人。学校环境要根据自己的历史沉淀，结合自己的办学理念，量身定做，打造自己独特的校园环境和文化内涵，缝出最合身的外衣，把自己打扮成为气质高雅、内涵丰富的学校。

只要把"魂"定位好，让"肢体"的各部分协调发展，就会形成风格与众不同的特色学校，这就是学校的一张名片。

学校工作千头万绪，要打造名校，就要在课程和特色上做文章，课程是内功，特色是名片，只要把这两个工作做好，学校品牌自然形成。

第七章

科技助校，教育信息化

第一节 教育信息化与教育教学深度
融合的探索与实践

随着现代信息技术和互联网在教学领域的推广与普及，教师教的方式、学生学的方式、学校管理的方式、家校互动的方式，正在接受着现代信息技术和互联网的洗礼，发生着重大变革。我校抓住机遇，顺应潮流，依托信息化的优势，构建现代信息教育平台，充分发挥"互联网+"的强大功能，全面提高学校教育、教学和管理的效益，全面提升办学层次。

一、更新教育教学理念是落实教育信息化的前提

为确保学校教育信息化工作顺利有效地开展，必须从更新全体教工的理念开始。为了推进教育信息化工作，我校专门成立了由郑明祥校长任组长，陈铁平、王建、谢华健等三位副校长任副组长，其他相关负责人和信息技术专业人员为成员的信息化建设领导小组。领导小组通过策划、分析、多方研讨，结合我校实际，设计出了可行的实施方案，还多次召开学校领导层会议、全体教职工会议、学生会议、家长会议，请专家到校开讲座等，通过各层会议、多次培训来更新教师的理念，取得共识，为推进教育信息化建设做好充分的前期工作。

二、建设信息化支撑平台是实施教育信息化的基础

1. 着力加强班班通网络的教学设施建设

我校经多方资金筹集，科学规划，为所有的教学班配备了集计算机、投影机和交互式电子白板为一体的多媒体平台，为每位教师配备信息化应用终端，为全面实施教育信息化提供设备保障。

2. 加大网络基础设施建设

教育教学信息化的关键是网络要保持畅通和拥有足够大的宽带覆盖范围。为了达成这一目标，我校投入资金对全校的网络进行改造，保证校园网与互联网联通，实现千兆互联网班班通，整个校园实现了WiFi全覆盖。

3. 学生学习终端的普及和使用

"三通两平台"已经成为教育信息化的标志，"人人通""智慧课堂""云课堂"等的应用，需要搭配学生用的学习终端。我校利用社会资金捐助，学生个人自带平板、手机等方式，普及初一年级全年级和初二级三个班学习终端的使用。手机、平板等移动教学工具的普及，使"云课堂"上课已经成为常态，推动我校的教育信息化走上快车道。

三、提升师资队伍信息化水平是实施教育信息化的保障

一支适应教育信息化需要的师资队伍，是推进教育信息化的关键，其应用水平是学校推进教育信息化工作的保障。学校通过建立长效机制，促进师资队伍的信息化水平整体提升。

1. 建立全员培训的长效机制

学校制定详尽的培训计划，本着"普及兼顾提高，应用兼顾开发"的原则，通过外出学习、请专家进校和校本研修等形式，组织教师进行信息技术应用方面的培训。通过不同层次的培训，全校教师的信息技术综合素养得到不断提高；通过竞赛、优秀表彰等方式鼓励教师，使教师保持学习兴趣，边学边做，边做边提高。目前，我校100%的教师可以运用软件制作幻灯片课件，运用"优质资源平台""云课堂"优质资源平台等方式进行备课和上课。

2. 建立优化课堂教学的长效机制

优化课堂教学是实施教育信息化建设的最终目标。我们不断加强信息技

术与学科的整合，提高课堂教学的质量。一是紧密结合新课程改革，积极开展教育科研，鼓励支持开展网络环境下的教学，充分运用教育教学资源中心的资源，在教学实践中积极探索，实施技术和课堂的整合；二是深入课堂，结合现代教育技术手段，开展多种形式的教育教学活动。学校组织教师上好公开课、示范课和研讨课，同时举办教育资源进课堂教学实践交流活动，开展课堂教学评价，探索如何实现最高的课堂效率。

四、用好"两平台"是实现教育教学深度融合的关键

"三通两平台"建设好后，关键是依托"互联网+"的智能优势，用好"两平台"。"人人通"是为促进中小学的学校、教职工和家长之间互动与沟通的综合学习平台，"云课堂"是师生学习的优质资源平台，用好这两平台，是实现信息化与教育教学深度融合的关键。

教育信息化已经成为教育现代化的特征，在探索教育信息化的道路上，我们将坚定不移地遵照以信息化带动现代化的工作思路，未来重点做好以下三方面工作。一是整合和建设各类信息系统，构建信息化基础服务平台，实现数据共享与业务整合。二是进一步完善教学资源库和师生信息库，实现信息系统应用和教育教学的深度融合。三是创新信息化管理模式，按照以人为本，注重应用实效的指导思想，深化建设和应用管理。从而引领学校向信息化教育模式和信息化管理方式的转变，努力把我校办成"互联网+活力"的现代化学校。

第二节　理念先行，全面深入推进教育信息化应用

——茂名市第二届教育信息化工作会议发言稿

尊敬的各位领导、兄弟学校的同仁们、嘉宾们、媒体朋友们：

大家下午好！

建校近十载，风雨唯自知，与君共努力，方得有今日！今天，茂名市"第二届教育信息化工作暨应用现场会"在此举行，对茂名教育信息化意义非凡，各位的到来让我校蓬荜生辉。在此，我谨代表学校向出席会议的各位领导和代表们表示热烈的欢迎，对一直以来支持和关心学校发展的上级领导和社会各界表示衷心的感谢！

下面，我就将学校在推进教育信息化应用过程中采取的做法和措施向各位做一个简要汇报。不当之处，还请各位多提宝贵意见。

一、解放思想，凝心聚力

思想指导行动，教育思想的解放与转变必须走在教育教学手段变革的前面。在深入推进教育信息化的过程中，学校通过领导班子会议、校务会议、教职工大会、家长会等，逐层做通思想工作，加强全体教职工和家长对教育信息化的深入理解，使他们从心底悦纳教育信息化。从校长到家长，从教师到学生，我们都树立起这样的教育理念：在信息化的21世纪，教育同信息技术的深度融合是大势所趋，它对于我们提高教学效率、培养学生自主学习能力和创新精神具有重大意义。

二、抓好培训，奠定基础

学校在教育信息化培训上建立了完备的培训和考评机制。在广度上，涉及学校领导、中层干部、普通教师、学生以及家长，做到面面俱到；就深度而言，我们按照前期培训、考核过关、撰写心得的流程，让教师们从基础知识出发，落实到教学实践，最终回归教育思想层面，巩固了培训效果。此外，学校还采用校本培训的方式，从邀请专家进校培训，转变为学校教师自主培训。据不完全统计，学校共举行教育信息化主题培训近30场，分年级组织"云课堂""人人通"等各类考核12次，教师撰写教育信息化心得体会200多篇，通过逐层深入的培训，为接下来的广泛深入应用奠定基础。

三、深入应用，确保实效

学校在推进教育信息化应用的过程中，遵循由易到难、以点带面的工作原则。开始，学校在德育、安全教育方面借助"人人通"平台，让学生观看有趣的视频、参与线上德育活动、在微博广场上晒出自己的德育作业等。例如今年2月27日，学校通过"人人通"平台发起对某白血病学生患者的爱心捐助行动，给这名学生及其家庭带来了希望。不少家长还在"人人通"微博广场上晒出这名同学在病床上坚持学习的照片，学生们纷纷点赞。再如，三八妇女节，学校布置"感恩妈妈"的德育作业，许多家长将孩子为妈妈洗脚、做家务等图片放在"人人通"微博广场上，这既感动了家长，又加深了亲情关系。2015年以来，学校每学期通过"人人通"开展德育活动和布置德育作业超过20次，推送德育、安全教育视频30多次。在家长和学生接受并喜欢基于信息技术的教育方式后，学校便开始在教学和课堂上铺开教育信息化。教师利用"茂名云课堂"平台，向学生推送微课、习题案，逐渐实现翻转课堂的教学模式。在此过程中，学校选择两个班作为试点，不断总结和积累经验，待时机成熟后，再逐步推广到年级、全校。目前，学校"人人通"使用率达99%，高峰时每天点击超过20000次，教师利用"茂名云课堂"备课、布置作业、交流讨论达90%以上。

当前，很多学校会遇到教育信息化资金和资源短缺的难题，以我校为例，一是从教师的一台手机或简单的教学平台开始，分批将原有设备升级换代，以现有资金换取相应数量的设备，积少成多。二是充分利用"人人通""茂名云课堂"等免费资源平台，让学生在家里借助网络终端进行自主学习，教师也利用电脑或手机查看学生学习情况，参与学生讨论，解决疑难问题，最大限度地利用已有信息化资源为教育教学服务。

四、落实保障，总结提升

学校从组织、制度、激励、后勤等方面对教育信息化的深入应用予以保障。一是成立专门的教育信息化应用领导小组和办公室，明确分工，科学统筹；二是制定实施方案、计划以及各项管理规章制度，做到有章可循；三是采取多种激励机制，鼓励敢于创新、勇于探索的教师加入教育信息化的课题研究团队，争当表率，树立榜样，学校也在评优评先、外出培训学习等方面给予优先考虑；四是成立教育信息化全员维护团队，提高教师自我维护能力，做到简单问题教师自己解决，复杂问题学校解决。

以上就是我们学校在推进教育信息化工作中的做法和措施，不当之处，还请各位批评指正。最后，祝大家身体健康，万事如意，谢谢大家！

第三节　用智能手机解决教育学习终端的探索与实践

一、问题的提出

经过近几年的发展，教育信息化已经逐步进入学校的管理、教育和教学等各个领域。优质资源平台的建设，为学生提供了丰富的学习资源，"人人通"平台的建设与开通，为教师、家长和学生的学习、联系提供了便捷的平台。"三通两平台"的建设和开通，缩小了区域、城乡之间的数字差距，促进了教育公平。接下来就是解决如何应用好这些资源的问题。近年来，各地各学校都在探索教育信息化在学校的应用，也探索出很多成功的经验，使学校管理进入智能化，提高了管理效率；使德育多样化，提高了学生对德育的兴趣，增加了德育的有效性；使课堂教学实现翻转，提高了学生的学习兴趣，实现了自主性、个性化学习，培养了学生的发现问题、分析问题、解决问题和创新创造的能力，增强了学生的发展竞争力。教育信息化给学生带来的益处显而易见。

在教育信息化的实施过程中，很多学校都是用平板电脑和台式电脑作为学习终端，但要在规模较大的学校实现全体师生同时使用平板电脑，需要解决很多问题，其中最大的问题是需要大量资金投入和较高的带宽接入，对于一些基础薄弱学校和经济相对落后的地区来说，这是一个难以跨过的门槛。在广大的农村地区，电脑和平板电脑普及率还是很低，实现全面的教育信息化更是难上加难。

要使教育信息化、常态化，必须解决学习终端机的普及和网络的带宽问题。在发达地区，这些问题较容易解决，但在欠发达地区，人手一台电脑或平板并不现实。我校也遇到了这样的难题。因此，我校一直在探索如何解决学习终端问题。经过一年的探索和实践，找到了破解这一难题的方法，就是利用智能手机与课堂深度融合，充分利用家庭与运营商的资源，为教育信息化的普及和可持续发展保驾护航。

二、智能手机的优势

智能手机作为多功能的通信工具，有取代平板电脑之势。随着手机智能化程度越来越高，功能越来越齐全，它的应用也越来越广。人们生活中的衣、食、住、行等没有哪一样是不能用手机帮助达成的。那智能手机能用于学生的学习吗？答案是肯定的，而且其有着其他学习终端不可替代的优势。

1. 人人皆学

随着经济的发展和科学技术的进步，智能手机越来越先进，价格越来越便宜，无论是城市还是农村，给学生配手机是家长的共识。手机变成真正的通信和学习工具是学生、家长和学校皆大欢喜的事情。这样，只要人人都有一台可以学习的手机，就可以做到"人人皆学"。

2. 处处能学

作为学习终端，利用无处不在的手机4G网络，手机处处可以上网、看视频。无论去到哪里，学生都可以利用手机进行学习，实现了学生"处处能学"的目标。

3. 时时可学

和其他学习终端相比，手机的最大优势是携带非常方便，上优质资源平台学习，不受时间和地点的限制。无论学生在家、学校，还是在外旅行，一有时间，只要学生想学，都可以进行学习，实现了"时时可学"的目标。

三、智能手机的应用

1. 解决手机的可控问题

在学校以往的管理当中，无论是学校领导、教师还是家长，只要谈到学生带手机问题，都是持反对意见。这是因为手机诱惑太多，网络游戏是智能手机对学生最大的伤害。因此，我们在利用手机学习时，就要做到趋利避害，对手机里的游戏、聊天等影响学生学习的网站或软件进行控制，让学生所持的手机随时都可以登录学习资源网或优质资源平台，而有限制地做其他操作，这样，手机就做到可用可控了。怎样才能做到可控呢？这个责任就要落在手机运营商身上了。运营商利用后台对手机的软件进行控制，使学生手机的功能满足家长的可控要求。

我校现在的手机实验班的做法是利用运营商的软件，实现运营商和家长同时控制学生手机的功能。上课时间，手机通话功能被屏蔽，保留上网学习的功能，下课后，恢复通信功能，家长利用自己手机安装的App，控制学生上网范围及上网时间，而学生用来学习的"云课堂"优质资源平台、"人人通"平台等保持常通状态。这样，学生的手机就可控了。

2. 培训教师，掌握技术

教育信息化的应用，教师是关键。教师起到引导、推动、落实信息化进课堂的作用。"云课堂"的教师功能有备课、上课、课堂练习题、测试、课外作业、评价等。要使"云课堂"与手机的效能发挥到最好，教师就要掌握"云课堂"资源平台和手机的使用技巧。因此，对教师的培训非常重要。首先，请专家到学校对教师进行培训，更新教师的教学观念，掌握基本的技术操作。其次，通过校本研修学习，教师之间互相合作学习，边做边学，边用边学，熟练掌握"云课堂"资源平台的各种功能，应用"云课堂"备课、上课、布置作业和网上组卷等。同时，教师也要掌握应用手机与课堂深度融合的技巧，为手机在课堂的灵活应用提供技术保障。

3. 培训家长，争取支持

在手机进课堂之前，学校必须得到家长的充分认可和大力支持，并使其认识到手机对学生的学习真正有帮助。家长对手机的偏见已经发展得很久、很深，要说服家长接受和支持学生携带手机有一定的难度。因此，我们学校对家长进行了多次培训。首先，更新家长的理念。学校为家长分析现在科技、社会的发展形势，介绍手机在日常生活和工作中的广泛应用，使家长认识到手机不只是一种通信工具，而且是一种可以学习的工具。其次，体验手机的功能。把设置好的、对学生没有任何危害的手机发给家长进行体验，给家长上一节手机与课堂深度融合的课，让家长感受手机课堂的魅力，消除家长对手机只会带给学生危害的疑虑。最后，说服家长给学生配备一台可用可控的手机，解决学生学习终端的难题。

4. 培训学生，提高兴趣

手机只是一个工具，用好才是关键。学生是学习的主体。因此，手机与课堂融合之前，一定要对学生进行培训。首先，让学生明白手机进课堂的意义，它是帮助我们学习的工具，为我们提供很多的优质学习资源，让我们的学习更加自主、更加个性。其次，教会学生如何更好地使用自己的手机上"云课堂"学习，学会"云课堂"平台和手机的各种学习功能，学会自主学习和自主完成测试、课外作业等。最后，还要学会分析自己的学情，培养自己发现问题、分析问题、解决问题的能力和创新创造的能力。

5. 深化应用，提高效率

有了手机作为学习终端，加上"云课堂"的优质资源平台，手机与课堂的深度融合就具备了条件。首先，教师备课要精心。"云课堂"上课，对学生来说，是一个新鲜的事情，学生学习的兴趣很高，教师就要抓住这个特点，认真备好课，让学生想学、会学。比如，上课前，要学生看什么微课视频，做什么练习，积累什么问题，上课怎样让学生充分地体现主体性、参与性，课后，让学生做什么电子作业等，教师都要精心的设计。其次，教师上课要精彩。课堂的效果好不好，就看课堂是否精彩，学生的参与度是否很高，学生的收获是否很大。手机进课堂的最大优势就是学生可以线上与线下结合参与课堂，我们要充分利用手机抢答功能、可视功能活跃课堂，提高学生的参与度，利用"云课堂"资源平台即时出成绩的功能，及时查漏补缺，提高课堂容量和效率。最后，课后作业要精准。上完一节课后，还是要巩固效果的。因此教师还要适量布置作业，为了防止学生写字功能退化，既要布置客观题的电子作业，又要布置主观题的书写作业，使学生得到全面发展。

四、成功案例

我校在2016年9月开设手机应用与课堂深度融合的实验班。之前，有部分家长对学生带手机进课堂不放心、不支持，认为手机最终会危害学生。为了改变家长的观念，我校组织家长上了一堂手机与课堂融合的课，证明手机是可用可控的，它既是一个通信工具，又是一个学习工具，而且非常方便。一节课后，家长都觉得手机与课堂深度融合可以提高学生的学习能力、提高课堂效率。得到家长的同意后，我们先给一个班的学生配备手机，让这个班的学生先行先试，结果家长和学生非常满意，而另外一个班的手机分配没有落实那么快，家长和学生就不断地催学校给学生落实手机配备的问题。现在我校手机智慧课堂实验班已经增设到了4个。

手机与课堂的深度融合，不但方便了学生的学习，也可以让教师做到"时时可教，处处可教"。我校的语文教师刘老师，因工作需要，在外地出差两个星期，为了不影响学生的学习，她利用手机实施远程教学。她在出差期间工作之余，利用手机登录"云课堂"优质资源平台备课，推送给学生，学生在课前利用手机进行自主学习，自我检测学习成果；语文课堂上，由班长和语文科代表组织大家讨论存在的问题或完成老师布置的作业，刘老师根据学生反映的共性问题通过手机制作简单的微课解答，让学生再次学习，同时鼓励学生合作学习，通过手机把自己解题的方法和过程以微课的形式录制下来，放到交流平台上分享。两周过去了，刘老师虽然不在学校，但这个班的语文课教学并没有受到影响，在随后的单元测试中，这个班的学生成绩不但没有退步，反而比其他班进步更多。一个学期过后，手机实验班的班风、学风、学习成绩都比其他班优秀，学生在学习、创新、创造等方面的能力都有较大的提高。

手机进课堂一学期后，学校对学生家长进行了问卷调查，家长满意度达100%，认为这样使用手机对学生学习有帮助的也达到100%。

手机与课堂的深度融合，实现了教学以学生的"学"为中心，实现了学生自主学习、个性化学习、探究学习和合作学习，培养了学生的自主学习能力，及发现问题、分析问题、解决问题和创新创造的能力，实现了"人人皆学、处处能学、时时可学"的创新人才的培养目标。

五、智能手机应用的注意问题

1. 控制学生用手机的时间，保护学生的眼睛

所有的教学活动都要以学生的身心健康为前提。因此，教师在设计学生学案时，要做到让学生适量学习，科学用眼，线上线下相结合，既使学生学习到知识，又保护学生的眼睛。

2. 不断修补手机软件漏洞，防止破解软件

现在有些学生信息技术水平很高，经常想办法破解自己手机上的控制软件，我校手机实验班的手机软件曾经两次被攻破，学生可以自由上网、玩游戏

等。因此，我们要做到及时发现，及时升级，修补漏洞。

3. 加强家校沟通互动，共同呵护成长

教育信息化助力学生学习，需要家校双方的共同努力，特别是利用手机等新媒体学习，更要家长的支持和监管。在家里，个别学生可能利用信息化学习之名，进行上网游戏，当不良问题出现时，要及时做好沟通教育工作，以免影响教育信息化的应用。

六、结束语

在信息技术高速发展的今天，手机已经成为人们生活中的重要部分，手机银行、手机购物、物联网等已经成为常态。作为智能移动互联网的终端，学生用手机学习已经实现。让我们继续深化课堂与手机的融合，为全面普及教育信息化，为给国家培养更多的创新型人才而努力！

第八章

制度护校，管理精细化

第一节　完善制度管理，提高管理效率

一、完善制度，规范管理，实施管理民主化、制度化

无规则不成方圆，学校管理更需要各种制度。

1. 制订学校章程

学校章程是学校依法办学的根本大法，学校要根据国家的相关政策制订学校的章程，为学校制订其他方面的规范提供依据。

2. 制订科学的规章制度

学校的各种制度是大家共同遵守的法则，因此，在制订制度的过程中，要广纳良言，集思广益，充分发扬民主，形成大家都知晓、共同推进学校发展的实施细则。

3. 在实施管理的过程中，做到制度化、民主化

学校的主体是人，要大家共同推动学校的发展，就必须充分调动全校师生的积极性，无论在奖励还是惩罚方面，都要做到有法可依，让大家心服口服，这样，才能在学校管理中体现出民主，用制度引导和约束师生的行为。

二、制度保障，文化引领，实现管理精细化、人文化

优秀的学校管理靠完善的制度保障，靠先进的文化引领。学校管理的最

高境界是文化管理，它是基于制度基础之上的一种自觉行为。精细化管理，是实现文化管理的前提，制度的制订越精细、越完善，就越容易引导所有人按章办事，形成自觉行为，上升到文化管理。精细化管理，重点在精细化，关键在管理。

（1）要健全完善各种管理制度，细化分工，做到管理无死角。近几年来，我校制定了《茂名市龙岭学校处室职责》《茂名市实验室管理制度》《茂名市龙岭学校公共卫生管理制度》《茂名市龙岭学校学生一日常规》《茂名市课堂管理制度》《茂名市课间管理》等十几种管理制度，细化管理。每个教室、每一堵墙、每一根柱子、每一个消防栓、每一棵树、每一朵花都有相应的管理制度进行管控，做到事事有人管。

（2）落实责任，把各种管理落实到人，实行一岗多责，实现全员管理、全程管理，做到管理无间隙。我校对每届的新生在入学之前，都要进行为期三天的学前教育，教授学校的各种管理制度，让学生知道什么该做，什么不该做，规范学生的各种行为。同时，与全校教工签订层层责任书，分田到户，落实管理职责，做到人人有事干。

在落实制度管理的同时，也要让全校师生感觉到学校的温暖，做到人文关怀。例如学校每年都举办两次教工、学生文体活动，一次教师课堂教学技能比赛，一次班主任技能大赛，关心贫困、生病的师生等，让师生在温暖的校园中激发更多的热情，增强师生的积极性。

第二节 茂名市龙岭学校学校章程

第一章 总 则

第一条 为加强学校管理科学化、规范化、民主化、制度化，全面贯彻国家的教育方针，全面实施素质教育，依据《教育法》《教师法》《九年义务教育法》等法律法规，制定本章程。

第二条 学校名称：茂名市龙岭学校；学校地址：茂名市双山一路6号大院。学校隶属于茂名市教育局，创办于2007年，是一所公办九年一贯制学校，目前每年级5~16个班级，4700多名学生。办学经费主要由财政拨款。

第二章 管理体制

第三条 学校实行党委领导下的校长负责制，和党委保证监督和教职工民主管理三位一体的管理体制。学校接受教育行政部门的管理和监督，并定期通过家长委员会、学生会议、社区调查等形式听取对学校工作的意见、建议和批评，把学校办成人民满意的学校。

第四条 校长对外代表学校，副校长协助校长工作，是校长的助手，受校长委托分管学校教学、科研、德育、后勤等方面行政工作，根据规模设立副校长3人，副校长直接对校长负责。

第三章 办学宗旨与理念

第五条 学校办学理念、办学目标、校训、教风和学风。

办学理念：全面发展乐成长，个性创新活成才

办学目标：培养活力少年，创建幸福乐园

校训：崇真　扬善　尚美　领先

教风：严谨　博学　善导　高效

学风：勤奋　善思　进取　感恩

第四章　学校机构设置

第六条　学校实行党委统领下的校长负责制，学校建立"小学部、初中部"，设置"党建办、办公室、教务处、教研室、政教处、体卫艺处和团委、少先队"七处室。实行两部七处室"条块结合，交叉履职"的行政管理模式（见图1）。

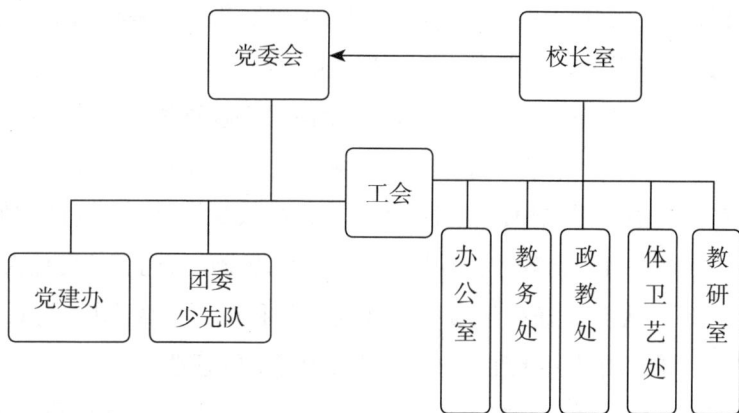

图1　管理模式架构图

第五章　教育教学管理

第七条　贯彻中小学德育大纲，加强和改进德育工作，通过学科教学、班团活动、劳动实践形式向学生进行爱国主义教育、国际主义教育、集体主义教育、理想道德教育、劳动实践教育、民主法制教育、遵纪守法教育、优良传统教育、民族精神教育和生命意义教育等。

第八条　建立健全校行政、年级组、班主任、学生干部等德育机构及工作网络，使学校的德育工作有计划、有目标、有措施、有实效。学校实行全员育人导师制。

（1）各学科课程有机渗透德育教育，加强班集体建设，做好团委、学生会工作。

（2）贯彻执行《中学生守则》《中学生日常行为规范》和《茂名市龙岭学校学生一日常规》，培养学生良好的日常行为习惯，树立健康向上的整体形象。

（3）学校主动与社会、家庭积极配合，建立以班级为点、家庭为面、社会为体的全方位教育模式。

第九条　创造健康向上的校园文化氛围。学校、年级组、班级应开展丰富多样的校园文化活动，凸显学校"人文德育"的特色。

第十条　学校整体规划德育，明确德育目标，即"一项特长、两个健康、三个文明、四个学会"。抓好两支德育队伍：一是在党委会、校长室及政教处领导下的以班主任为骨干的全员参与的德育导师队伍，二是在团委、学生会带领下的以精神文明为核心的学生自我管理队伍。

第十一条　学校坚持以教学为中心，全面实施素质教育。设立教学管理中心，具体指导教师进行教育教学改革，开展教育科研和教学研究，更新教育观念，改进教学方法，采取现代化教学手段，提高教学质量。各任课教师应该做到敬业爱生、教书育人，各任课教师是所任学科教学质量的直接责任人。

第十二条　认真抓好教学质量的常规管理和评估，认真抓好拟订教学计划、备课、上课、辅导、批改作业、考试各个环节的管理。

第十三条　依据《课程标准》实施教学活动，严格执行《课程方案》，严格按课表上课。停课半天需经校长批准，并报上级主管部门备案。

第十四条　学校统一征订教材、学习资料，任何人不得擅自向学生推销学习资料，切实减轻学生的课业负担。

第十五条　认真搞好教学研究和教育科研工作，认真执行集体备课制度，组织教师积极参与教学改革和教育科研，积极组织教科研课题研究，积极推广现代教育技术。

第十六条　学校教师不得利用寒暑假、节假日进行整班集体性补课，不得进行有偿家教，不得歧视后进学生。

第十七条　依照有关条例，正常开展学校的体育和卫生工作，组织学生开展劳动教育、社会实践和课外活动，促进学生身心健康发展。社会实践活动将根据情况集中或分散开展。

第十八条　加强学籍管理，健全学籍档案，对转学、休学、借读、复学、升留级、退学等办理严格遵循手续程序，严肃招生、证书颁发、学生档案管理等纪律制度。

第十九条　教务处应认真管理、积极使用和保管教学设施、仪器设备、文体器材、图书资料，注重现代化教学设施的使用效益，做好各类教育教学资料的收集和归档。

第二十条　按学科设立学科教研组，作为教师集体进行教学研究的组织，设科组长一名。科组长是所在学科教学质量的主要责任人。科组长应充分发挥学术职能，认真贯彻落实学校教学计划，积极开展教学研究活动，按时完成学校的各项教学任务和教学质量要求，并及时向教务处主任和教研室主任上报教学工作上的意见和建议。

第二十一条　学校以班级为教育教学的基本单位。班主任担负班集体的组织者、教育者和指导者的责任，并有协调本班级各学科的教育工作和沟通学校与家庭、社会教育之间联系的责任，是所任班级教育教学质量的主要责任人。

第二十二条　严格执行国家教育考试制度，组织期中和期末教学质量检查。并按上级教育行政部门的规定组织好各学科的毕业（升学）等各类考试和考查。

第二十三条　学校坚持后勤工作为教育教学服务、为教育科研服务、为师生生活服务的原则。

第六章　总务管理

第二十四条　学校总务管理由学校办公室负责。办公室加强校舍、校产、设备管理，严防公物流失和浪费，学校校产按有关规定管理，发现问题，应立即采取措施，并向主管部门书面报告。

第二十五条　依据《中小学校财务制度》加强财务管理，坚持节俭、规范的原则，开源节流。学校经费来源以政府财政拨款为主，自行筹款为辅。

第二十六条　建立健全财务制度，财务人员应严守财经纪律，做好经费的预算、执行和决算，坚持统筹计划，提高经费使用效率。

第二十七条　学校按照上级教育、物价、财政部门确定的收费项目和收费标准，依法向学生收取费用。学校依法向上级有关部门提出收入经费安排意见，申请经费支持。学校依法向社会募集办学资金并接受社会组织和个人对学校的捐赠。

第二十八条　经费开支实行民主管理，财务人员必须定期向校长汇报经费收入和使用情况，并接受政府经济监督部门和上级教育主管部门的审查和监督。

第七章　教师管理

第二十九条　学校必须依法维护、保障教职工的合法权益。学校教师、职员和工人必须遵守宪法、法律和职业道德，维护学校的荣誉和利益，遵守学校的章程和规章制度。

第三十条　学校教师是办好学校的主体力量，学校必须尊重教师、尊重知识、尊重人才。学校教师享有《教师法》规定的权利，必须履行《教师法》规定的义务。学校教师以"热爱教育、勇于改革、刻苦钻研、精通业务、师德高尚、教书育人"为努力方向。学校制定和实施教师发展促进制度。

第三十一条　学校根据编制设置岗位，实行教职工全员聘任制，部分岗位采用竞聘上岗。学校按上级有关规定，结合学校实际情况，定岗、定编、定人、定责、定工作量。教职工由校长聘任，聘期一般为一学年。对于不能胜任现职工作的教职工，学校可以不聘或安排其他工作。未聘人员可以自谋职业，请示上级主管部门调出或在校内安排其他工作。未聘人员在校内安排其他工作的，其待遇原则上低于同等条件的已聘人员，不接受工作安排的，由学校按有关法规政策报市教育局审批同意予以辞退。专业技术人员实行评聘分开，一般按实际评的职务聘任，但可以对少数人实行低职高聘或高职低聘，并在校内享有相应待遇。

第三十二条　学校执行国家教师资格制度和教师专业技术职务聘任制度。

第三十三条　学校鼓励教师开展教育、教学改革和实验，鼓励和支持教师从事科学研究、学术交流和参加进修或其他方式的培训。

第三十四条　学校保障教职工享有国家法律法规规定的待遇，逐步改善教师、职工的工作条件和生活条件。学校制定工资外收入发放办法。教师、职工（除国家档案工资外）实行岗位工作量制。

第三十五条　学校依法维护离退休教职工的合法权益，由学校工会具体负责离退休教职工的管理工作。教师、职工认为合法权益受到学校侵犯和对所受处罚不服的，可向上级部门或有关执法机关提出申诉。

第八章　学生管理

第三十六条　依据《中学生守则》《中学生日常行为规范》《中学德育大纲》《中小学德育工作规程》等规程，学生的培养目标是：德、智、体、美、劳全面发展的社会主义接班人和建设者；具备高尚的品格和关键的能力；具备遵守社会公德的意识、集体意识和文明习惯，增强自我管理、分辨是非的能力；具有阅读、书写、表达、计算的基本知识和基本技能；具有观察、思维、动手操作和学习的能力；具有健康的身体和环境适应能力；具有较广泛的兴趣爱好和健康的审美情趣。

第三十七条　凡按有关规定被本校录取或转入本校学习的学生即取得本校学籍，学校按市教育局规定统一编排学号，管理学生学籍。

第三十八条　学校对取得优异成绩或对学校做出重大贡献的学生给予表彰与奖励。学校对违反《中学生守则》《中学生日常行为规范》和学校规章制度的学生予以批评、教育。

第三十九条　对符合入学条件但家庭经济困难的学生，通过社会、学校等多种渠道提供资助。

第四十条　学生有下列权利：

（1）参与学校管理，评议学校工作、教师工作。

（2）接受平等教育。对学校或教师的不公正待遇，有权在校内提出申诉，或向上级教育行政部门提出申诉。

（3）参加学校安排的各种活动，使用教学设备、图书资料。

（4）在学习成绩和操行评语等上获得公正评价。完成规定的学业后获得相应的学业证书。

（5）享有法律法规和学校制度规定的其他权利。

第四十一条　学生应当履行下列义务；

（1）遵守法律、法规和学校的规章制度。

（2）规范行为，尊敬师长，形成良好的思想品德。

（3）勤学苦练，完成规定的学习任务，立志成才。

（4）文明守纪、注重个人仪表仪容、讲卫生、拒吸烟，不随地吐痰、不乱抛纸屑和杂物、不乱写乱画、不在校园内骑车、不损坏绿化、不浪费粮食、不讲粗话脏话。

（5）维护学校声誉，为校争光。

第四十二条　学校少先队和共青团组织是学校教育中对青少年学生进行教育、引导和服务的重要力量，受学校党组织领导，配合党政全面贯彻教育方针，认真搞好自身建设，在推进素质教育中发挥作用。少先队辅导员和团委书记享受中层副职待遇。

第九章　附　则

本章程由茂名市龙岭学校第二届教代会通过，解释权归学校党委会和校长室。

家庭联校，教育立体化

第一节　让我们成为学生成长的伴侣

——2019届初三家长会讲话稿

尊敬的各位家长：

大家晚上好！

感谢大家从百忙之中抽空参加今晚的家长会，大家的到来，既是对学校的支持，也是大家对学校的重视和关怀。今天举行这场家长会的目的是发挥家校教育的最大效能。调查发现，一个孩子的教育质量，受家庭教育影响达到30%，这说明家庭教育对孩子的影响不能忽视。而家庭中影响学生学习成绩的因素有家庭环境及家长的行为习惯、学历水平、教育方式等。下面我跟大家分享调查家庭教育对学生的影响的结果。

一、家庭教育对学生成绩的影响调查

通过调查发现：优秀学生的家长更倾向于对孩子进行表扬和鼓励，而困难生家长在这一方面来说做得相对不够。认为父母经常对自己进行表扬的优秀生占76%，困难生占12%。当学生考试成绩不理想时，安慰鼓励学生的优秀生家长占74%，而困难生家长仅占10%，两类学生家长的态度呈显著差异。困难生的家长通常对孩子比较溺爱，不管孩子提什么样的要求都尽量满足的困难生家长占

72%，而优秀生家长则占46%。任何人都有自己的优点和缺点，作为家长不仅要看到孩子身上的缺点，而且要看到孩子身上的优点，并且要学会欣赏孩子身上的优点，不断鼓励孩子，增强孩子的自信心。

根据调查，困难生家长为自己的孩子感到自豪的仅占28%，而优秀生家长则占78%，两类学生的家长差异较大。我们认为在当前的评价体系下，对学习成绩的期望较大而使学习成绩优异的学生家长能够有更多鼓励、欣赏孩子的行为，而学习成绩差的学生家长则更多的是埋怨、忧虑。但在学习的过程中，学生都希望得到鼓励与欣赏，尤其是学习困难学生，但他们难以在家庭教育中获得满足感。

二、提几点希望

为了让孩子的成绩稳步提高，使家校合作的效果达到最好，我在这里向家长提几点建议，与大家共勉。

1. 正确看待学生的成绩

好成绩是每个学生、教师和家长的追求，我们曾做过调查，在成绩不是很理想的学生群体中，询问他们是否想提高自己的学习成绩，90%以上学生的回答都是想提高。但我们必须承认，不同的个体之间肯定存在差异，学习成绩也不例外。而他们的成绩也不只是由今天的学习因素决定的，而是由长期积累决定的，我们家长必须客观看待。成绩好，代表他们善于学习，在学习上努力了就有收获；成绩不好，家长不要有太多的责怪，更多的是要理解孩子，并且从多方面找原因，如我们家庭教育如何，有没有给予孩子足够的关爱，他们的基础原来怎样，孩子努力了没有等等。下一步，我们家长要怎样做呢？

2. 营造一个良好的家庭气氛

家庭环境对于个人来说非常重要，家庭是幸福的港湾。作为家长，我们不但要营造一个和谐幸福的家庭气氛，让孩子在一个幸福温馨的家庭里成长，还要营造一个舒适的家庭学习环境，让孩子处于一个独立的空间学习，减少其他因素的干扰，特别是我们的家长尽量不要在家里做影响学生学习的娱乐活动。

3. 做孩子的知心朋友

孩子的情绪对孩子的学习影响较大，初中以后，很多孩子都不愿意和父母交流，这是因为父母居高临下，训骂较多，表扬少，没有找到合理的交流方式。作为父母，我们要成为孩子的知心朋友，让孩子有乐和你分享，有苦跟你倾诉，建立一种平等关系，我们要相信孩子、坦诚交流。这样，孩子才能打开心扉和你畅谈，你才能知道孩子在想什么，在做什么。我们才能有针对性地帮助他们解决困难，提高学习成绩。

4. 陪伴孩子走过人生的第一个转折点

初三对一个来说，是人生的转折点，是一个分岔路口，不同的中考成绩，就有不同的人生方向。陪伴是一种幸福，对家长来说，陪伴孩子的路，从初三以后，可能就会减少。初三以后，考上高中，要住宿的孩子可能每个月才回家一次；当考上大学心后，孩子可能逢寒暑假才回家；出去工作以后，孩子可能一年才回一次家；当他们成家后，在远方工作的孩子，几年才回来看你们一次。当我们老了，还真希望孩子多回家看看。所以，在孩子人生的转折点，我们应尽量放下不必要的应酬，减少一些不必要的活动，下班后早点回家陪伴孩子，珍惜陪伴孩子的最后机会，帮助他们度过迷惘的人生转折点。

家长朋友们，陪伴成长是我们送给孩子最好的礼物，提供成才的条件是我们最大的责任。孩子健康快乐成长，为孩子的幸福人生打下坚实基础是我们最大的心愿。让我们共同努力，为孩子的成长、成才保驾护航，让他们为自己的梦想而努力拼搏！

最后，祝大家家庭幸福，身体健康，万事如意！

第二节 利用"人人通"促进家校互动的实践探索

一、问题的提出

许多案例说明，对于一些学生来说，家庭往往没有起正面的教育作用，反而起负面作用，甚至成为学生成长的主要障碍。其实，这恰好说明两方面的问题：一是家庭教育具有两面性，既可能给予学生成长正面的影响，也可能给予学生成长负面的影响；二是说明如果学校没有利用好家庭教育资源，就有可能对学生成长产生负面的效果。因此，有效的家校互动，引导家庭对学生进行正面的家庭教育非常重要。

"人人通"作为大型互联网学习资源分享平台，具备社交网络、移动互联网、服务教育信息化等基本属性。它一般包括学习资源管理、个人（教师、学生和家长）实名学习空间、班级网络空间、教师研修空间、微博、朋友圈等功能，是教育公用、共用和私有的信息化应用聚合的平台。"人人通"强大的资源分享和交互功能为促进家校互动提供了便利。

二、家校互动中存在的问题

对于家庭教育的重要性大家已经形成共识，但在家校互动中还存在一些问题。

1. 地位不平等

在传统的家校互动中，教师和家长之间存在地位不平等的现象。一是学校大都以通知的形式要求家长参加家长会，不能参加的家长还要说明原因，来到学校后，须要坐在学生座位上，静静地听教师开会。二是家长会或电访中，班主任和科任教师谈学生问题居多，家长会变成了"告状会"，家长只能默默地接受。三是对问题学生的家长，部分班主任或科任教师把学生产生问题的责任全推给家长，使一些家长感到委屈。

2. 教育观不同

有些家长的知识水平有限，特别是缺乏教育学和心理学方面的知识，没有掌握孩子的成长规律，不了解孩子的想法。他们用传统的知识和固有的经验来教育孩子，与现代教育的方式和要求存在偏差。

3. 沟通存在障碍

家长和教师之间的生活经历、职业生涯、个性特点、文化水平和年龄等存在差异，形成天然的沟通屏障，使家长和教师难以沟通。很多时候，教师和家长因沟通方式不当，把沟通渠道封死，从此减少甚至不愿进行家校沟通，造成恶性循环。还有个别家长由于长期与教师缺乏沟通，只听孩子的一面之词，容易形成对教师和学校的偏见，造成人为的沟通障碍。

4. 受时空限制

传统家校互动方式受时间和空间的限制较多，如学校要求家长在固定的时间到学校参加家长会，而且要收到预期的效果，必须全体的家长参加；家访、电访等形成要求教师和家长都方便才能进行，这样造成了家校互动频率低，参与积极性不高，效果不明显等问题。

三、利用"人人通"促进家校互动的策略

根据家校互动中存在的问题和"人人通"的优势，我们提出了利用"人人通"促进家校互动的策略。

1. 利用"人人通"搭建平等的家校互动平台

利用"人人通"互联互通的社交功能，搭建一个教师和家长之间在地位上平等的互动平台。在这个平台上，人人都是主人，想什么，干什么，都由自己决定，没有从属或等级之分，消除了家长在家校互动中产生的总是处于被动挨批状态的心理，引导家长的行为由被动变主动，让家长在教育孩子中更有作为。在家长与教师的沟通时，平台给予家校之间平等的机会，沟通会更加真诚、有效，为保持长期积极的家校互动提供更好的条件。

2. 利用"人人通"创建网络家长学校

观念和知识水平决定家校互动的效果，在以往的经验中学校发现，家长的教育观念会相对落后一些，他们大多数是以自己父母的教育方式教育下一代，与教师难以形成统一的教育方案。为解决这一问题，学校利用"人人通"创建网络家长学校，定时推送如"教子有方""亲子活动""大爱无疆"等视频给家长观看，改变家长的教育观念，提高他们的教育水平，引导正面的家庭教育，让家庭教育和学校教育形成向前推动的合力，达到最佳的教育效果。

3. 利用"人人通"构建师、生、家三位一体的沟通平台

家校之间沟通的障碍，很多是误会造成的。以往的经验表明，问题学生多是家长宠出来的，家长只相信学生的话，不相信教师的话。或者家长与学生之间存在隔阂，没有交流，造成学生家庭教育缺失。这使家校之间或亲情之间的关系紧张，家校难以沟通。针对上面的问题，利用"人人通"多方沟通的功能，建立教师、家长和学生三位一体的交流平台，利用文字、语音、相片和视频等多种表达方式表达自己的感情和想法，拉近彼此之间的距离，促进三方之间的交流，消除彼此之间的误解。

4. 利用"人人通"建立打破时空界限的立体交流空间

针对传统家校互动受时空限制的问题，利用"人人通"建立打破时空界限的立体交流空间。网络的特点就是可以存储信息，这方便了教师与家长之间的交流，只要自己方便，不管对方有没有空，都可以通过"人人通"向对方发信息。接受方只要有空打开"人人通"，就可以看到对方发来的信息，也可以即时回信息，让家校互动更自由、效率更高。

四、结束语

"人人通"是网络时代的产物，它有很多的优点，在个人学习、家校互动方面起着桥梁和润滑的作用，提高了家校互动的频率和效率，成为现代教育中不可缺少的工具。

第三节　办好家长学校　携亲子共成长

—— 茂名市龙岭学校创建茂名市优秀家长学校自评报告

茂名市龙岭学校是茂名市教育局直属九年一贯制公办学校，秉承"全面发展乐成长，个性创新活成才"的办学理念，践行"崇真、扬善、尚美、领先"的校训，以"培养活力少年、创建幸福乐园"为创新教育教学方式，全面展开素质教育，着力提高教育教学质量。明确工作思路和目标，即加强家庭与学校之间的双向沟通，营造家长、教师和学生之间互动的教育氛围，使学校教育和家庭教育达到"同步"、教师和家长达到"同心"、学校和社区教育达到"合力"，调动社会各方面的力量，支持和关心教育事业的发展，努力营造有利于学生健康成长的育人环境。

一、明确目的，落实宗旨，保证家长学校工作顺利开展

（1）有效的家长学校工作，能促进家校沟通，增进家校了解，密切家校联系，争取社会各方对学校工作的支持，从而方便学校很多工作的开展。

（2）我们要通过家长学校，将学生家长组织起来，使家长来有所学、学有所得，让家长学习掌握一些家庭教育的知识和技能，提高家庭教育质量，推动家庭教育与学校教育的有效结合，形成合力教育，避免在教育上出现"5+2"等于"0"的现象。

（3）通过到家长学校学习，学生家长的教育观念和教育行为可以改善，促进家庭和睦，有助于父慈子孝的良好家庭关系形成。人们常说："问题孩子的背后一定有一个问题家长或问题家庭。"开办家长学校，开展系统的家庭教育培训，有助于引导学生家长认识到自身的问题，并不断改善自己的教育观念和

教育行为，主动跨出家庭教育误区的第一步，赢得孩子的尊重和信赖，从而为修复家教裂痕、改善家庭关系提供帮助。

（4）家长学校办得好，可以成为学校的一张名片，提高学校的知名度和美誉度，扩大学校的社会影响力，最终产生良好的办学效益。我们宗旨只有一个，"让家成为更好的家，让校成为更美的校"。

二、健全机构，明确责任，落实人人参与家长学校工作

学校将家长学校工作纳入工作日程，成立三大机构。一是成立领导小组，校长为组长，其他行政领导为组员。二是成立家长学校，由副校长主持日常工作，政教处负责教学业务，负责建档、归档工作，有管理制度，有详细的教学内容，有较固定的师资队伍。三是成立家长委员会，由校长、教务人员、教师代表、家长代表等构建成家庭教育的网络，通常在学校的领导下开展工作。每级每班选出3~5名家长代表，组建级、班家长委员会。委员会成员大都是关心学校、热心教育事业、在教育子女方面有经验的家长。其职责是加强"家—校"联系，对学校工作进行监督，并参与学校教育规划、家庭教育工作的讨论和决策。学校的图书馆设有专门的家庭教育专柜，置有各种书籍、刊物，每逢"家长开放日"对家长开放。

学校制定了科学合理的教育管理制度。《家长学校建设工作方案》《家长学校管理委员会工作制度》《家长学校教师工作职责》《家长学校学员考核制度》《家长学校优秀学员评选办法》和《家长学校优秀教师评选办法》等各项规章制度建立起来，为规范家长学校办学、提高教学质量提供了有力的制度保证。学校各年级每学年分别召开大型家长会2~4次，每次都要求所有教师精心备课，依据学校安排认真上课。家长学校办学质量高，对家长家庭教育素质的提升具有明显成效，对学校教育工作有明显的促进作用，而且家长到课率、满意度都很高。同时学校还组织班主任、任课教师坚持定期家访，要求每学期的寒暑假对本班学生进行家访，鼓励教师利用双休日或节假日对特殊学生进行家访，要求初中三年中对全班每位学生家访不少于一次。通过家长学校、家访等多种渠道及时了解、收集家长对学校在家庭教育方面的建议和意见，根据学校实际，结合学校办学特色，不断总结、及时改进，并对各种资料进行收集整理、建立档案，使学校在家长学校管理方面进一步规范化、程序化。

三、培养骨干，开发资源，组建素质精良的教师队伍

在保证了教室、教材等物质前提下，我们按照"以班主任为主"的原则，每学期都要组织班主任参加家长学校培训，培训率为100%。选送优秀班主任参加全国或省、市级培训，使他们逐渐成为家长学校课堂上的中坚力量。

为了科学有效地提高我校家长学校的教育水平，夯实家长学校课堂教学，我校还成立了家长学校教师备课小组，由家长学校校长任总组长，各级组长担任小组长，每学期开展一次说课、评课或教材教法论坛等教研活动。为了在教学中做到集思想性、知识性、趣味性、指导性于一体，集体备课强调胸中有"本"（教案）、目中有"人"（本班家长学员）、心中有"数"（本班家长学员需要解决的问题）、手中有"法"（适应本班家长学员的课堂教学模式）。家长学校是为家长服务的，准确了解家长的需求及其在家庭教育中的困惑、问题，是提高课堂教学效果的基础。所以，在每次开课前，家长学校都要通过座谈会、家访等不同形式和渠道收集家庭教育存在的主要问题，了解家长最为关心和感到最棘手的问题，确定课堂教学的重点和方向。

本校安排103名专职教师作为家长学校的主讲队伍，此外我们还积极开发资源，扩大教育队伍。根据上级的指导精神，我们成立了一支以专家为指导，以优秀家长为代表的助教队伍，共9人。他们热心公益事业，为了下一代的成长献计献策，尽心尽力，对家长学校的开展和创新发挥了非常重要的力量。

四、研究课程，落实课堂，提高家长学校的教学质量

1. 制定具有针对性的办学内容

开学初，我校就把家长学校工作列入学校工作计划，加强计划性，减少盲目性。我校家长学校所开设的常规课程和承担讲课任务情况为：

（1）向家长汇报学校近期的工作，包括学校工作的重点、学生的表现，提出学校对家长的配合要求等。

（2）科学的家教知识和学习方法指导，负责此部分内容的我校骨干教师面对初三所有学生以及家长讲授。

（3）法律法规教育。我校通过家长学校，系统地为家长讲授《预防未成年人犯罪法》《未成年人保护法》等法律法规。

2. 以分班授课为主要教学形式

确保每个学期课程不少于2次，学校按照不同年级的不同特点制定教学目标体系，并出版教案集。

第一次开课时间：2018.10.13　8∶30—11∶30

第二次开课时间：2018.12.15　8∶30—11∶30

第三次开课时间：2019.3.16　8∶30—11∶30

第四次开课时间：2019.5.25　8∶30—11∶30

五、多种形式，拓展渠道，丰富家长学校的教育活动

由于家长来自四面八方，职业阶层、文化程度、经济状况、生活经历、思想修养和孩子表现各有不同，这就决定了家长学校形式要多样化，才能做到有的放矢，收到事半功倍的效果。为了帮助家长掌握科学的家庭教育方法，提高科学教育子女的能力，学校除了分班授课外，还进行多样式的指导。

1. 举办家庭教育专题讲座

讲座的内容不仅具有针对性，更具有普遍性，贴近众多家长的需求。关工委张绍统同志、校长陈始南等都是我们学校的常客。学校分年级为家长做"父母威信对孩子的影响""如何培养孩子的良好行为习惯""如何培养孩子的责任心""赏识教育的魅力"等专题讲座，让家长从生动鲜活、富有时代气息的例子中，感悟家庭教育的重要性，同时掌握科学的家庭教育知识和方法。

2. 召开个别家长座谈会

根据不同类型的学生采取不同的教育方法，学校分别召开家长座谈会，这样，使家长掌握因材施教的技巧，做到有的放矢地实施教育方法。

3. 召开家庭教育经验交流会

学校做好调查研究，总结优秀家长教育子女的好经验，然后分别召开学校、年级、班级家庭教育经验交流会，运用典型引路的办法，让广大家长均能掌握适合自己的家庭教育方法。

4. 组织家长观看家庭教育专题片提高家长素质

组织家长观看家庭教育专题片，还通过调查问卷、接受家长咨询等多种形式，不断提高家长素质，达到共同教育好学生的目的。

5. 实行优秀家长评比制度

在全校的家长大会上公开表彰优秀家长，并请优秀家长在会上介绍教子经验，使广大家长从中受到鼓励和启迪。激励先进、树立典型，鼓励家长争做新时代的合格家长。

六、建立家长与学校的联系

除了注重教学形式的多样化，我校还采取措施，开辟多种渠道，加强家长与学校的联系。主要形式有以下三种。

1. 开好家长会

这是学校与家长密切联系的一种切实可行的形式，分别有全校、年级、班级的家长会，每次会议都有一定的中心内容，除了通报学校班级工作情况外，还广泛征求家长对学校办学的意见，协调统一教育措施。特别值得一提的是，每年新生入学前夕，家长先入学，学校组织新生家长参加家长学校学习，让家长了解学校的规章制度，并在家庭中预先指导学生学习相关行为习惯要求，使学生在入学后，较快适应学校的学习与生活，并要求家长积极配合学校，进行教育、训练和督促学生，使学校教育达到了事半功倍的效果。

2. 加强家校联系

教师家长互访、电话联络、手机短信、开设"家长社区"网页等，都是班主任、教师与家长互动做教育工作的主要途径，有利于家长了解学生在校的情况，教师了解学生在家里的表现，共同研究教育的方法，及时解决教育上存在的问题。

3. 邀请家长走进校园

这是让家长了解学校工作的好办法，学校举办"家长开放日"，通过邀请家长到学校听课、观看文艺演出、参与校运会等，让家长感受学生多姿多彩的校园生活，分享学生成长的快乐，拉近家长与学生的距离，使家庭教育更有成效。

在市教育局指导下，我校家长学校取得了一定的成效。但是，由于我校家长学校积淀不够深厚，创建工作急需在新形势下细化、深化。今后我校将进一步提升家长学校的办学品位，为"办人民满意教育"做出新贡献。

第十章

内外交流，教育国际化

第一节　芬兰教育成功的密码

——广东省中学骨干校长赴芬兰培训项目学习心得

2019年1月5日至26日，我随"广东省中学骨干校长赴芬兰培训项目班"到芬兰学习，去了芬兰曼塔和第二大城市坦佩雷，虽然所到的城市不多，但在这些城市都能见到芬兰教育的缩影。在这21天里，我们深入大学、职业学校、高中、初中、小学和日托中心考察，还参观了当地的博物馆和电视台等，全面了解了整个芬兰的教育体系和历史文化等。我们共参观了1个大学校区、1所职业学校、3所高中、4所综合学校、2间小学和1间日托中心，听讲座30个，专题研修10场次，观摩课堂10多节。整个学习内容丰富、形式多样，使我对芬兰教育有了初步的了解。芬兰的教育是成功的，而成功一定有它的秘诀，下面我和大家一起对芬兰教育进行解密。

一、芬兰教育的概况

在被誉为"千湖之国"的芬兰，与国家整体福利制度相适应的教育事业非常发达。早在1921年芬兰就实行义务教育，1980年起在全国实行九年一贯制义务、免费教育。著名高等学校有赫尔辛基大学、阿尔托大学、坦佩雷大学等。作为一个仅有550多万人口、国土面积33.8万平方公里的北欧小国，芬兰的优质教育体系享誉世界。芬兰从制度设计到资源分配都保持均衡发展，遍布全国的4300多所基础教育学校没有贵族学校和平民学校之分，没有名校和非名校之分，更没有打造名校之说。教育不仅是教育部门的事，从政府机构到公民家庭，整个社会形成教育网络体系，产生强大的教育合力，以举国之力兴办教育。

即便处在如此高的水平和地位上，芬兰教育与文化部仍于2014年设立了一支工作小组开展本国"科学教育"的改革工作。该工作小组提出大量发展建议，以促进芬兰的科学教育事业发展，并激发青少年对科学研究的兴趣。该工作小组认为，作为社会的一个组成部分，高等教育机构和科研机构更应关注科学教育。同时，该工作小组提出了促进科学教育的课程改革计划，其中主要强调了公共技能和认知技能的培养的重要性，以及所有探索性学习课程和资格标准的修订。此外，该工作小组提出信息通信技术（ICT）应该更系统地应用于日常教学中，而且科学研究也应该更好地融入实际培训中。该工作小组还绘制了《芬兰2020年科学教育蓝图》，即到2020年，芬兰将成为科学教育领域中的世界强国。可以预见，科学教育将会很自然地融入芬兰青少年的校内外学习中，并在本质上推动芬兰学生创造性解决问题的技能培养以及遵循科学发展规律的思维习惯的形成。

自世界经济合作与发展组织（OECD）2001年开始进行国际学生评估项目（PISA）以来，芬兰在2000年、2003年和2006年在该项目的成绩都名列前茅，逐渐引起世人的瞩目。世界各国数以千计的教育代表团，来到芬兰探寻教育成功的秘密。这个处于北欧一隅的小国，理所应当地成为中国教育界的关注热点。尽管中国上海于2009年和2012年参加PISA测评两次排名世界第一，芬兰的排名分别下降到第6和第12位，但这并没有影响教育界人士继续研究和学习芬兰成功经验的热情。从数据分析中可以看出，在OECD成员国中，芬兰学生的学习时间最短。在这种情况下，芬兰能取得如此成绩，的确令人惊叹。除了PISA测评，芬兰在其他方面参与评比的国际排名也不低：2015年，世界幸福报告排名第6位；2014年，全球创新指数排名第4位；2014年，全球竞争力报告排名第4位；2014年，U21全球高等教育系统排名第4位；2012，PERSON教育综合排名第一。另外，芬兰有7所大学排在《泰晤士高等教育世界大学排名》前400名之内。

二、芬兰成功的秘诀

（一）优先发展是教育成功的前提

芬兰教育的成功因素很多，我觉得把教育置于优先发展的地位是成功的前提。

（1）芬兰地处北欧，三分之一的国土位于北极圈以内，人口550多万，面积33.8万平方公里，森林覆盖面积达68%，水域覆盖面积达10%。人均GDP为37600欧元，属于经济高度发达国家。芬兰非常重视教育的发展，把它置于优先发展的战略地位。芬兰于1917年独立，是共和制国家和典型的北欧福利国家，从小学到大学，孩子接受教育都不交学费。从学校的建设来说，大部分学校都是公立的，由政府出钱建设，学校的装修都是非常舒适和豪华的，我去过的十几间学校里，几乎每间学校的装修都是非常高档的，在国家的所有开支中，教育支出优先保障。

（2）芬兰历史的三个阶段，对芬兰的教育发展有很重要的影响。一是长达数百年的外族统治时期，芬兰人一直寻求独立，而保持民族独立和身份独立，最重要的是保持芬兰语的使用。在这个过程中，教师发挥了重要作用，受到民众的极大尊重。二是芬兰独立后，选择福利社会的治国理念，强调政府在社会中的责任和平等。三是战后的严峻环境和资源匮乏，造就一个社会共识：每一个人都很重要，要生存就需要团结和创新。特别是在20世纪90年代初的经济危机中，芬兰政府意识到要摆脱困境，振兴经济，人是最重要的资源。政府在面临巨大财政压力的情况下，变卖一部分国企，把收入用于教育和科研投资。在这样的环境中，芬兰创造了两个品牌，一个是诺基亚，另一个就是基础教育，两者成为扭转芬兰经济的重要动力。了解这些历史，可以帮助我们更好地理解当今芬兰的教育特点。

（二）先进理念是教育成功的引领

1. 少即是多的理念

在芬兰教育里有一个理念就是"少即是多"。主要概括为：①少一些正统上课=多一些选择；②少一些在校时间=多一些休息；③少一些授课=多一些自主；④少一些考试=多一些学习；⑤少一些课题=多一些深度；⑥少一些作业=多一些参与；⑦少一些学生=多一些老师的关注；⑧少一些规则等于多一些信任。在我们参观的学校里，几乎所有的学校都践行这个理念，少作业、少考试、少上课时间、少学生等这些都与我们形成鲜明的对比，芬兰学校每学期最多组织一次考试，而且不排名，布置很少家庭作业，让学生多一些时间玩。芬兰学生的家庭作业完成时间一般不超过30分钟，但对有兴趣和能力的学生，教师会提供一些更有难度的题目，供学生自选完成。在这样的教学环境中，学校没有特意地训练学生的应试能力，而是帮助他们发现兴趣和特长，提高自我管理、做选择、实践、合作、自学和创新等方面的能力。毕竟，教育的最终目的不是参加PISA或各种考试，而是提高学生的综合能力和素质，使他们能够在社会中最大限度地实现自身价值。而芬兰学生具备的这些技能和素质，恰恰能帮助他们提高在考试中灵活解决问题的能力。

2. 慢即是快的理念

慢工出细活，专注出精品。小学的慢成就了大学的耐心和细致，尊重人的天性，尊重人科学发展的规律，而不是急功近利，芬兰的教育真正做到以人为本。芬兰教育重点培养学生7种横跨能力：①思考与学习能力；②文化素养，沟通与自我表达能力；③照顾自己的日常生活基本与保护自身安全的能力；④多元识图能力；⑤信息技术能力；⑥工作生活能力与创业精神；⑦参与影响和构建可持续发展未来的能力。芬兰的课堂真正把这7种能力落到实处，特别是在义务教育方面，更加注重能力的培养，而非分数。

3. 健康第一的理念

健康是第一重要的，芬兰教育把学生健康快乐地成长作为培养学生的目标，特别是在义务教育阶段，学生的限制很少，学生很少受到处分，从心理到身体，都受到良好的保护。学生在课堂上玩手机、搞小动作，甚至随便进出教室等这些在我们看来无法容忍的现象，都可以出现在芬兰的课堂上，他们的教师还采取一种保护措施，很少严厉批评学生，而是采取家校协同教育的方式，逐步改变这种状态。当然，这些现象也不是普遍存在，大部分学生还是比较自觉的。虽然一年大部分时间芬兰都是冰封雪地，但他们的体育不会耽误，在大雪纷飞的天气里，很多孩子在雪地里滑雪、打冰球等。这样，他们既锻炼了强健的身体，也锤炼了坚强的意志。

4. 充分信任的理念

信任与合作，是芬兰教育成功的一大秘诀。社会信任学校，家长信任老师，芬兰老师们每学期都会给每一位学生出具一份详细的报告，并且向家长组织至少一次会谈。校长信任老师，老师与校长共同决策。有一位芬兰老师向我们介绍："我们的许多活动都不需要校长事先批复，活动的结果却也大多能让校长非常满意。"老师信任学生，学生也信任老师，许多老师会和学生共同制定课程评价的方式，如果学生的期末作业非常出色，他们甚至可以获得免考的机会。老师之间也相互信任，学科内、跨学科，甚至跨校的合作都十分融洽、成果丰硕。在芬兰，教育局对学校的考核是比较少的，由校长自主地管理好自己的学校，学校对教师的管理也没有很多条条框框，政府与学校之间，学校与教师之间，都是充分信任的。芬兰的教学方法是多样的。同样的课程，不同的学校与教师可能会采用不同的方法。例如，数学课上教加减法，教师并不是告诉学生怎么运算，而是鼓励他们通过各种方式找答案，总结、探讨最有效的算法。如果说这是典型的以学生为中心的教学方法，那么在其他课堂中也可能采用以教师为中心的教学方法。芬兰学校的课程时间和作业安排灵活多样，充分体现以学生为中心。一般来说，芬兰学校没有规定统一的到校时间，每个班级有自己的时间表，学生清楚哪天要8点到学校，哪天是9点到校。学生在课堂上常常有大量的时间完成各种练习，当他们完成教师布置的任务后，可以在不影响其他同学的情况下安排自己的活动。例如，他们通常会到教室的书架上找自己喜欢的书阅读。当然，学生每天的离校时间也不相同，他们从小就养成自己安排时间的习惯，一般会在课后参加一些兴趣课，或到图书馆选择自己有兴趣的图书阅读。

（三）优质均衡是教育成功的基础

芬兰的60万中小学生平均分布在约4000所学校里，每所学校大约150人，每个班级不超过20人。小班教学的结果是，既没有了"贵族""平民"之分，也不会让一个孩子落下。芬兰是一个公平社会，而日本和韩国则是高度竞争的社会——如果你不能做得比邻居更好，父母会花钱让你上补习班。在芬兰，比你的邻居表现出色不是很重要，每个人都能达到平均水平，当然这个平均水平相当高。这一原则促成芬兰在教育方面取得出人意料的成功。从近年PISA科学素养方面的测试结果看，在最优组别，他们50%的学生得分高于平均水平；在最差组别，80%的芬兰学生得分高于OECD的平均分。这就是芬兰教育成功的基础。

1. 老百姓身边都是优质学校

在芬兰，无论是大城市还是小城镇，学校都没有太大差别，各学校的建设标准都是很高的，如建筑风格、内部装修等都差不多，一个地方，各学校差别更小。孩子都是去上附近的学校，因为在芬兰，老百姓身边的每一所学校都是优质学校。我们学习团，从人口10000人左右的曼塔市到全国的第二大城市坦佩雷，所看到的学校一在外形和内部装修上基本无太大的差异，各学校开设的课程除了国家课程外，手工课都相同，如木工课、烹饪课、缝纫课等，全部学校都开设，他们更注重对学生生存和发展能力的培养。因此，在芬兰，择校现象很少，大部分都是上身边的学校。

2. 师资配备基本均衡

在芬兰，所有的学校都实行小班制教学，每个班最多不超过20人，很多班都是十几个人，甚至是几个人。但他们配置的教师一个也不会少，我们在参观他们的课堂时发现，有一些班只有几个人，同样一个教师在上课，甚至有些班有两个或多个教师在上课，这种现象无论在大城市还是小城市，都是一样的，这说明他们的师资配备是充足的，而且都是高素质的教师。

3. 不丢下任何一个学生

在芬兰，平等、公平是教育成功的基础。他们也有一些特殊的学生，但特殊学校很少。出于公平，这些学生和普通的学生一样，在同一个学校读书。如果这个学校的特殊学生可以组成一个班，就开设一个特殊班，根据需要安排充足的老师教学，如果特殊学生达不到一个班，就把这个学生安排在普通的教学班里，由两个老师陪在他身边帮助他们学习。我参访的学校里，有一个班只有5个特殊学生，却有3个老师，几乎是1个老师照顾2个学生。还有一个班有1个特殊学生，他的旁边坐着1个老师帮助他学习。老师特殊照顾真正有需要的人，而不是优等生。他们的理念是尽力让所有的人都达到平均水平，包括特殊学生。

（四）优秀教师是教育成功的关键

国家的发展靠教育，教育的发展靠教师。教育能否成功，关键看师资队伍。芬兰的教育之所以成功，就是因为有优秀的师资队伍。

1. 教师的学历要求很高

芬兰的教育系统由过去的单一硕士学位资格要求，转变成所谓的"欧洲模式"。这种模式的基本计划有两种不同路径和两种资格证，一种是完成180个学分学习并获得学士学位，另一种是额外学习120个学分并获得硕士学位。

由于强调学术自治，芬兰各大学的教师教育专业不完全一致。但是，赫尔辛基大学发起了一项跨校合作的共同准则，即要求学生完成300个学分，其中要求沟通和指导学习，内容包括大学学习和个人学习计划、科学研究、信息通信技术、母语、瑞士语和外语入门，学分为20学分；多学科的学校科目学习，内容包括技术、艺术、音乐、数学、芬兰语、纺织以及每个学科的教学，学分为60学分；选修学科学习，内容包括地理、生物、物理、音乐、特殊教育、心理、社会科学，学分为25学分。

芬兰的教师教育专业一直坚持高水准的学习和实践，大学生与中小学生面对面交流的时间更多，如于韦斯屈莱大学要求学生实践时间为每周25小时，拥有硕士学位依然是成为教师的必备条件。而且，初中和高中的教师，还需要接受其所教学科领域的大学培训，如数学、物理、化学、语言、文学、体育等。在接受大学教育培训期间或之后，他们还必须完成一个相当于60学分的教育教学项目，通常要求一年的学习时间。

2. 优秀学生争报师范专业

教师在芬兰的地位很高，很多人都很乐意做教师，因此，师范专业的学生竞争很激烈，往往都是很优秀的高中毕业生报考师范专业，将来做教师。这样，形成优秀的人教育更优秀的人的良性循环。他们无论是在入学资格还是学习过程方面，要求都是非常严格的。芬兰中小学教师分为全科教师（主要指小学教师）和学科教师，这两种类型教师的录取方式是不同的。对于全科教师而言，他们首先要通过标准化的国家考试，通过考试的学生可能还需要参加大学自行组织的考试。例如，要想被于韦斯屈莱大学录取，还得参加该校组织的考试。其次，通过了前面标准化考试的学生，才能进入到面试环节。最终学生的录取由大学自主决定。

学生报考师范专业的竞争非常激烈，录取率在不同学校间存在差异。2010年，芬兰全国师范专业的平均录取率是10%，于韦斯屈莱大学的录取率大约是12.5%。坦佩雷大学是芬兰最热门的大学之一，每年的录取率只有10%，而该校师范专业的录取率不到5%。芬兰的师范教育主要在研究型大学完成。以前，报考教师专业需要考查其中学表现和大学入学考试成绩。现在，招生方式进行了改革，任何人都可以报名参加国家入学考试，中学学分不再纳入考查范围。进行这项改革的主要原因是给所有中学毕业生提供更多的选择机会，而且也增加了申请教师教育专业学生的多样性。芬兰没有教师资格证书制度，取得中小学教师资格的唯一途径是通过大学教育学院学习，并取得硕士学位。芬兰的师范教育主要在研究型大学完成，核心理念是：基于研究，与实践紧密结合。

3. 教师的觉悟高

由于学校对教师的充分信任，教师在教书育人的过程中也是比较自主的，这也体现了教师的高觉悟，他们能够自觉地投入到教书育人中。他们从不评职称，工资比全国的平均工资略高一些，但没有迹象表明他们有严重的职业倦怠。比如，教师的教案，学校很少去检查，也很少去考核学生的成绩，他们的教师也很正常地投入工作中，他们把教书看作是自己的一份事业来追求，用严格的师德来要求自己。优秀的人才自身具备了优秀的品质，或者说，芬兰教师在成为杰出人群的过程中，培养了很多宝贵的特质。比如对自我的高要求，可以保证自己不断地充电学习；比如突出的自学能力，可以保证知识的不断更新。而这一系列突出的能力，再加上对教育行业的热忱，很大程度上保证了他们的自我激励和自我进步。可以说，芬兰教师走向社会精英的过程，就是实现了职业成长的过程，芬兰教师为了保持社会精英的地位所做的自我提升和自我高要求，就是他们的"职业成长阶梯"。

（五）改革创新是教育成功的动力

1. 创新永葆活水

芬兰教育也借鉴他国经验，也受到国际组织的影响。芬兰的教育体系主要基于瑞典福利制度模式，许多教育理念和教育创新最初是从北美和英国等国家与地区引进的。例如，英国、加利福尼亚和安大略的课程模式，美国和以色列的合作学习，美国的组合评估，英国、美国和澳大利亚的科学和数学及加拿大的同行互助式领导。但芬兰人最终还是开创出自己的教育体系，沿用至今，成为"芬兰之路"。芬兰的教育改革既保留了最好的传统，又有效利用了他国的创新成果。在学习外国经验的同时，芬兰的教育之梦却是地地道道的"芬兰制造"，是芬兰人创造的，而不是舶来品。

2. 信息技术与教育深度融合

作为现代教育，芬兰的教学技术也非常先进，各种数字化的教学平台已经常态化应用，从小学生到大学生，课桌上都摆放着电脑或平板，几乎所有科目的课堂都与信息化深度融合，教师的备课，学生的作业、测试等已经全部进入数字化。到2019年，芬兰所有高考的科目的考核都是采用无纸化进行，并且每科的考试时间达到5～6小时。这里不但考学生的知识，还考查学生的信息化应用水平，更加考验学生的耐性和适应能力。

（六）尊师重教是教育成功的保障

1. 教师是很受尊重的行业

在芬兰，教师是一份极具幸福感的职业。这种幸福感不但来自社会的尊重和信任，而且来自高度的专业自主权。在芬兰，课程标准由国家教育委员会制定和颁布，但教材的选择、教学方法的选择、课堂组织、教学活动、评价方式都由教师们全权负责。以教材选择为例，当国家教育委员会制定出课程标准后，各大出版社会根据国家课程标准编订教材，教师们会根据专业知识选择适合自己课堂的教材。我们很好奇："那么，有人审核这些教材吗？如果教材不达标怎么办呢？""并没有专门的委员会去审核这些教材。但如果教材编订粗糙，芬兰老师们具有多年的专业素养和使命感，他们根本不会选择这样的教材。坏教材自然很少出现，即使出现了也会很快被淘汰。"由此可见，芬兰教师可以并且有能力根据自己的专业知识，针对学生特点，自主地安排学生的学习和发展，并对其做出相应的评价。相对应的，学校和社会也给予教师们充分的信任。尽管教师的工资薪水只是略高于社会平均水平，但在芬兰，教师是一个幸福感特别高的职业。在坦佩雷大学教育学院参观时，我们遇到了一个上缝纫课程的学生。她的桌上有一件自己制作的大衣，设计完全不输国际大牌。我们纷纷赞叹她高超的设计水平和灵巧的手艺，有人开玩笑说："你以后可以当设计师呀！"谁知她抬起头，非常严肃又自豪地说："不，我今后要当老师！"事实上在芬兰，选择从事教师职业的人，内心深处都有一种深刻的道德使命。很多学生从小就梦想当一位老师，申请教育学院时，学院会组织面试确认他们对教育的热爱，专业的训练、全社会的信任与尊重，更是让他们没有理由辜负社会的委托。他们希望通过教育真正帮助儿童成长、培养人才、促进社会发展。

2. 社会教育氛围好

芬兰前总理阿霍有句名言：创造新经济最重要的就是教育。在芬兰，教育被认为是公民的基本权利。芬兰的孩子一出生，父母就能领到儿童福利金等津贴，其中一部分被专门限定用于孩子的文化教育，这部分津贴存在每个儿童的特定账户里，只能在与政府签约的书店、美术馆等教育文化机构消费。在芬兰，儿童3岁前父母可以休假在家照顾孩子，由政府提供津贴；3岁以后，政府依然有很多帮助父母的政策，如提供托育补助，孩子放学后安排他们在学校阅读、玩耍，免去父母的后顾之忧等。与此同时，学生的课本、交通和午餐费用，全由政府负担，此外，政府还斥巨资建设公共设施。芬兰有1000多座图书馆，平均每5000人就有一座，是世界上图书馆密度最高的国家之一。芬兰学生阅读能力强、知识面广，与此颇有联系。

这次学习，我的收获良多，在办学理念、课程建设、校园文化、师资队伍和学校管理等方面都得到启发。回国以后，我对照自己学校的情况，觉得在校园文化建设方面要改善，要以学生作品和建设舒适学习环境作为建设的方向，营造一个宜学习、想学习、学好习的文化氛围。我将根据国家的教育要求，结合学习心得，努力把我校办成人民满意的学校。

幸福花开

——实践与收获篇

第十一章

学校实践案例

第一节　培养活力少年　创建幸福乐园

——茂名市龙岭学校"活力·幸福"管理案例

一、学校的发展状况与问题

　　茂名市龙岭学校是茂名市教育局直属的九年一贯制学校，创建于2007年，占地40亩，7年来，学校学生人数由第一届的400多人发展到今天的4880多人，中考、体艺等各种竞赛成绩均居市教育局直属学校前列，形成图音体为主的特色教育。多家媒体先后对我校的特色教育报道，学校的办学业绩得到上级主管部门和社会的认可，每年被市教育局评为"优秀学校"。

　　学校生源以划地段生为主，生源素质中等水平。教师多数是年轻教师，大学本科毕业，教师的素质比较高，有一定的经验，但还不够成熟。学校7年来的发展都是靠教师的奉献和学生的勤奋。当初学校还没有明确的办学方向和完善的制度，学校的特色光环逐渐被其他学校的亮点盖过。2013年，市一中的原址又办了一间初中，它凭着庞大的资源和得天独厚的地理位置，对优秀生源产生非常大的吸引力。这造成本校的部分优质生源流失，整体生源素质下降。除此之外，还有3所老名校在争夺生源，形成5所学校争夺生源的局面。不管哪一所学校的改革跟不上，都会有被淘汰的可能。

摆在我校面前的问题是，学生生源素质整体下降了，如何在激烈的竞争中脱颖而出，这就考验校长的智慧和谋略。在此关头，学校要走出困境，要重新定位自己和突围。

二、跟岗学校的主要办学经验

我在广州市荔湾区花地中学跟岗学习，花地中学经历了从鼎盛至衰落再到兴起的历程，其主要经验有以下方面。

1. 拥有先进的办学理念

花地中学以"满足生命需求，提升生命品质，学生自然成长"为办学理念，这个理念在全校师生中深入人心，全校的教育教学活动都围绕着这个理念开展，让学生感受到自然成长的兴趣和魅力。就是因为这个理念的引领，他们学校师生之间的关系非常和谐，师生之间、校生之间的感情非常深厚，学生在学校里得到了尊重和重视，满足了生命需求，提升了生命的品质。这样，学校的管理肯定提高一个层次，成绩更上一层楼。

2. 制定完善的管理制度

花地中学制定了各种完善的制度，在我跟岗期间，他们的教工一直有条不紊地开展各项工作。很多分管领导领队时候，他们也去做一些对外的工作，如班主任座谈会、科组活动、学生活动，都是老师直接负责和我们交流。他们的工作安排得非常妥当，原因就是他们有一套完善的管理制度。他们的绩效工资分配方案，充分体现出多劳多得、优劳多得，真正起到杠杆的作用。

3. 办学有特色

在前几年花地中学中考成绩不是很好，甚至招不到中等以上水平的学生，原因就是没有办出学校的特色。后来经过改革，实施小班制教学、校本课程、双班主任制、主助教等特色教育教学模式，逐步改变了原来的局面，让学生在玩中学、学中玩，在校生慢慢地对学习有了兴趣，学习成绩也慢慢提高，在学校有了成就感。近两年来，花地中学通过一系列的改革，收到了很好的效果。社会开始认可这间学校，家长愿意把孩子送到这间学校来，学生更愿意在这里学习，现在该校的生源多数都是中上层的学生，中考成绩从同类学校的最后一名提到第一的位置了。办出特色是薄弱学校在竞争中的突破口。

4. 注重文化的建设

花地中学虽小，但里面的文化氛围很好，每一个角落、每块墙壁都会说话。这样的文化产物的大多数是学生的手笔，每块墙壁都记录着学生快乐的记忆。虽然没有十分高大上，但处处见真情，每时每刻都有学生的作品在说话。

三、感悟与体会

花地中学的管理让我体会到管理创新的重要性，一间学校，如果在管理上一成不变，必定会被淘汰。社会不断进步，时代在变迁，管理必定要跟上，创新是进步的灵魂，改革是进步的出路。在信息时代，人的思想、生活方式等在不断地变化，学校作为培养人才的地方，应该成为改革的先锋，应成为文化前进的前沿阵地，要成为主导文化前进的舵手，走在时代的前列。花地中学无论从理念上，还是从设施设备、管理上，都走在时代的前列，成为改革的先锋，因为它的方向正确，管理措施采取得当，所以能在改革道路上获得成功。

四、对自己学校的启示

我校虽然和花地中学的情况不同，但它的经历恰恰给了我校一个警示，现在学校面临着优秀生源被挖走、多间学校激励竞争的局面。由于生源结构发生变化，如果还是用以前的方法，那学校很快就会被淘汰出局。学校建校7年来，还没有形成很好的管理模式，没有一个很好的定位，在社会中没有绝对的信心。如何建立适合学校发展的模式，在激烈的竞争中冲出重围，防止本校的优质生源流失，甚至吸引其他区域的学生来求学，将是我接下来要思考的问题。学校将走向何方，今年是关键年，我必须制订整体的规划，并使它落到实处，办出自己的特色、办出自己的风格、树立自己的品牌。

五、学校改革与发展的设想

现在摆在校长面前的就是厘清办学思路、做好学校定位、培养办学特色等重大决策问题。经过对学校的规划，提出了"培养活力少年，创建幸福乐园"的办学目标，构建"活力·幸福"的教育模型。它主要由三部分组成（见图1）：

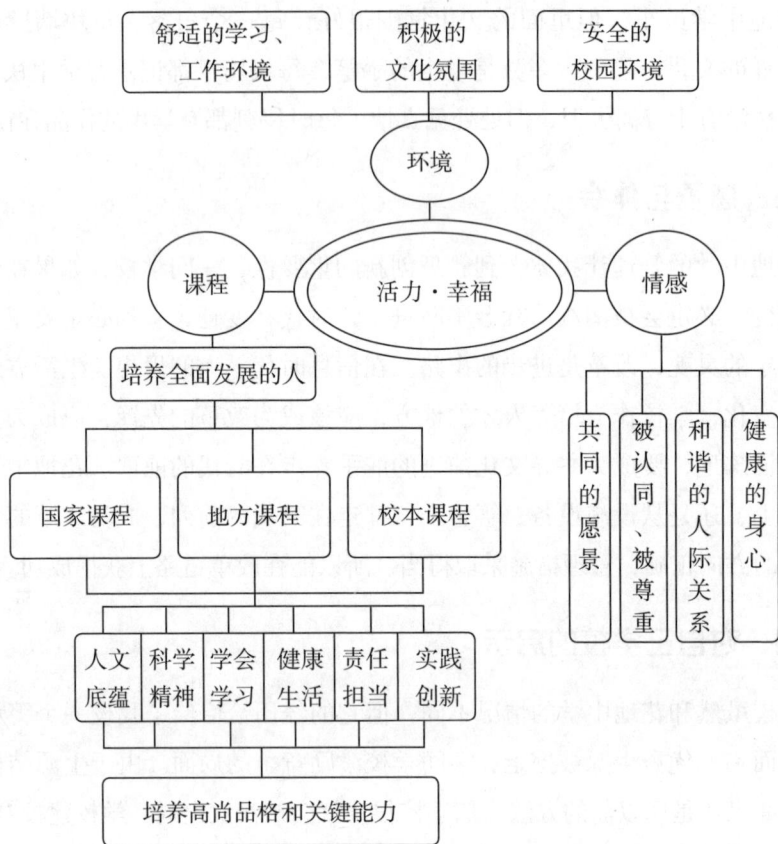

图1　茂名市龙岭学校"活动·幸福"教育脉络图

（一）情感

学校的工作以人为本，教育的工作是受人的灵魂影响的工作，是良心工程。学校的教育教学成绩，完全取决于教师的情感和动力，师生在学校幸福不幸福，关键看他们的心理感受。

1. 促进师生的身心健康

教师没有健康的体魄和心理，肯定教不出健康的学生，因此，学校要关心师生的身心健康。通过丰富多彩的文体活动，增加教师的凝聚力，促进教师的身心健康，增加他们的幸福感。有了幸福感，教师就增强了主人翁意识，自然就会努力工作，教育教学成绩自然就会好。

2. 全面发展的办学理念

校长要构建大家认可、符合教育发展规律的先进办学理念，形成大家都向往的愿景。

我校的办学理念：全面发展乐成长，个性创新活成才。全面：第一层意思为三个主体，即学校、老师和学生；第二层意思是前面三个主体的全面发展。发展：学校、老师和学生都得到最大限度的发展。乐：健康快乐。成长：遵循规律茁壮成长，学校有发展特色，教师专业成长，学生学业进步。个性：学校有特色、教师有专长、学生有特长，尊重和发展师生的个性。创新：培养创新意识和创造能力。活：第一层意思是适合自己的学习方法，第二层意思是在各行各业中成才。成才：所有的学生都能够成为国家和社会需要的人才。办学目标：培养活力少年，创建幸福乐园；形成大家都认可的办学思想、共同追求的愿景，建设幸福校园。用它激励全校师生为了共同的愿景去努力奋斗。

3. 师生在学校里被认同和尊重是师生工作和学习的内动力

在学校里，教师的努力需要被认同和尊重，让教师在自己的专业发展上有信心，激励他们向名师的目标努力，从而做到潜心育人、乐于奉献。

4. 建立和谐的人际关系

学校里的人际关系，其实就是学校文化的体现，一个团结、和谐的干群关系和师生关系，能形成推动学校发展的最大合力，也是衡量人们在学校里工作和学习是否幸福的重要指标。人人都斤斤计较、钩心斗角的校园文化，肯定不能促进学校做出大成绩，只会加速学校的衰落，教师也没有幸福可言。因此，学校必须建立和谐的人际关系。

（二）课程

课程是培养人才的主要载体，课堂是培养人才的阵地。有什么样的人才培养模式就有什么样的课程。我们要定位培养全面发展的人，从人文底蕴、科学精神、学会学习、健康生活、责任担当和实践创新等方面培养学生个人发展和社会需要的必备品格和关键能力。要培养学生的这些素养，就必须通过课程来实现。

1. 国家课程

国家课程是国家国民教育的主要内容，必须全面落实。在兼顾全面发展，落实国家课程的同时，要结合校情、生情，有针对性地进行备课，当好导师，以学生为主体，让学生多参与，注重学生个性发展，做到因材施教。

2. 地方课程

地方课程是国家课程的补充，根据本省、本市的特点，开设地方课程，了解本地的历史、地理和人情风俗，增加学生的实践机会，培养学生爱祖国、爱家乡的情怀，让学生具备知情理、懂感恩、敢担当的素养。

3. 校本课程

校本课程形成学校的特色，让学生在校本课程中，选择自己喜欢的项目进行学习，使自己的多元智能得到充分的发挥，促进学生个性发展，让每个学生都在自己的特长领域大放异彩，体验成功，享受快乐！校本课程的实施，使学生在义务教育阶段至少掌握自己喜欢的技能，为学生的终生幸福打下了良好的基础。

国家课程、地方课程和校本课程的有机结合，使学生得到全面的发展，培养学生的核心素养，让学生适应社会的需要，为个人发展塑造高尚的品格和铸造关键的能力。

（三）环境

环境是活力、幸福教育的重要组成部分。舒适的工作和学习环境，让师生在舒适的环境里心情愉悦，在这样的环境中工作和学习效率会更高。

1. 建设舒适的学习和工作环境

通过建设优美的外部环境，营造一个花园式的校园，让校园充满生机和活力，师生在这样的环境中工作和学习更有激情。为教师提供现代化的办公条件，使其在信息化条件下高效工作。建设现代化的教室，实现班班通，让每个教室都可以连通优质资源平台。建设先进的实验室和科学室，让学生在做中学，为实验和实践提供方便。

2. 建设积极的校园文化，营造浓厚的校园文化氛围

校园文化着重打造显性文化和隐性文化。显性文化主要建设主题清晰和区域分明的校园文化，让每一堵墙和每根柱子都会说话。隐性文化要求学校打造团结、奋进、和谐的文化氛围，让师生在这个大家庭里感受到温暖和鼓舞。

3. 建设安全的校园环境，打造平安校园

安全是幸福的保障，没有了安全，一切教育教学活动都无法正常运转。一是硬件上要确保安全，加强物防、技防；二是制订完善的制度，依法治校；三是人防，安全无小事，人人都要关心安全。通过建设立体的安全网，打造平安校园。

培养活力少年，创建幸福乐园，是我校的办学目标，通过上述三个方面的建设，通过全校师生的共同努力，实现"活力·幸福"的教育。

发展思路厘清后，学校广泛征求全体教职工的意见，请教前辈，求助专家，通过党委会、教工大会等形成共识，并形成一份纲领性文件，在以后的管理中执行。

第二节 茂名市龙岭学校五年发展规划

（2016—2020年）

一、指导思想

2016—2020年，正逢国家"十三五"规划，《国家中长期教育改革和发展规划纲要（2016—2020年）》提出到2020年，我国基本实现教育现代化，形成学习型社会，进入人力资源强国行列的目标。为了全面贯彻党的十八大精神，依据茂名市教育局的发展方略，我校实行科学、民主管理，实现文化管理，加大教育教学改革力度，大力推进素质教育，减轻课业负担，实现教育公平；依托互联网，加快教育信息化建设，更新教师观念，更新过时的教学手段，深化教育信息化的应用；加强文化建设、内涵发展，强化管理，铸造特色，不断提高教育质量，争当茂名教育排头兵，创办人民满意的学校。

二、办学思想体系

为明确办学理念，以指导办学、教育行为，学校立足实际，确立以下办学思想。

1. 办学理念

全面发展乐成长，个性创新活成才。

2. 校训

崇真、扬善、尚美、领先。

3. 办学宗旨

培养活力少年，创建幸福乐园。

4. 办学思路

质量立校、强师兴校、文化强校、特色美校。

5. 办学目标

实力龙岭、合力龙岭、活力龙岭、魅力龙岭。

6. 素质培养目标

一项特长、二个健康、三个文明、四个学会。

7. 学生特质

绿色、健康、活力、阳光。

8. 校风

文明、和谐、拼搏、创新。

9. 教风

博学、严谨、善导、高效。

10. 学风

勤奋、善思、进取、感恩。

三、学校存在的问题

（1）管理制度还不够完善，九年一贯制学校的高效管理还有待进一步探索。

（2）德育工作方法陈旧、形式单一，没能形成强有力的德育团队，决策缺乏系统的数据支持。

（3）教学思想守旧，教学手段相对落后，信息化应用没有得到很好的落实，优质资源没有得到很好的利用，师生交流手段过于单一。

（4）学校的教研还没有形成合力，没有很好地利用信息现代化的工具和资源为教学服务，教研、科研成果没有上档次。

（5）教师教育教学观念相对落后，学生的课业负担过重，没有体现出高效教育。

（6）党、团、工会建设滞后，没有发挥党员、团员、先进分子的示范作用。

（7）基础建设还比较薄弱，内涵建设有待加强。

四、总体目标

根据国家教育纲要，按市教育局的规划战略部署，从学校的实际情况着手，改革创新，锐意进取，通过5年努力，到2020年，把我校办成一所师资水平一流、校园环境优美、设备设施齐备、办学特色明显、教育教学质量上乘、师生具备良好创新意识和实践能力的现代化示范学校。

（1）加快"三通两平台"建设，使学校在信息化建设方面走在全市学校的前列，实现"互联网+"办公、教学、德育、安全等现代教育功能实际应用，在茂名地区率先实现教育现代化。

（2）通过学习提高，全体教师均具备现代意识，掌握现代化教学手段，做到信息化与教学深度整合，教育、管理水平都达到现代化的要求。

（3）全面实施素质教育，大力开展校本课程，开展"创客教育"，促进教育公平，培养学生创新意识和创新能力，提升学生的综合素质，使学生达到"高雅、达理、会学、能做"的素质要求。

（4）建立学校的数据库，利用大数据总结教育教学规律，为学校进行科学决策提供参考。

（5）加强硬件建设，配备先进的现代教育教学设备，创建优越的办公、教学环境。

（6）制订职责分明、效能显著、科学合理、具有激励作用的学校管理制度。

（7）深化教科研活动，使教科研显出成效，培养一批在全市具有影响力的学科带头人。

（8）加强学校的文化建设，提升学校内涵，促使学校优质发展、内涵发展，树立品牌。

（9）充分发挥党员、团员的先锋模范作用，激励教师乐教、奉献。

五、具体目标

1. 安全教育工作目标

深入贯彻《中小学幼儿园安全管理办法》，及时签订各种安全责任书，具体安全责任，分解安全指标，在安全工作中要做到"人人有担子，处处有责任"；安全工作实行零报告制、周汇报制和责任追究制；大力开展校园周边环境综合治理工作，构建和谐平安校园；与卫生、防疫部门紧密结合，加大疾病防控力度；利用"人人通"平台，完善安全教育模式，提高安全教育效果。

2. 德育工作目标

（1）健全德育机制，形成德育网络。充分发挥学校的主导作用，建立健全学校、家庭、社会"三位一体"的德育网络，发挥关工委的职能作用，形成"全员德育"的德育导师制度。

（2）全面实现"三个文明"建设目标。细致落实常规德育工作，以学生行为规范养成教育为重点，以校本课程等德育活动为辅助手段，重视校园文化、班级文化的熏陶作用，不断提高学生的思想道德水平，有力推动德育工作建设。

（3）注重人文教育，让学生养成交流与合作的习惯，发展学生的合作意识和团队精神，培养学生与人和谐相处的意识与能力。充分发挥团委、少先队等组织的作用，深入开展各种活动，寓德育于活动之中。

（4）创建广东省心理健康教育示范学校。落实心理健康教育课堂开展，常规化心理辅导室使用，加强心理教师专业能力培训，利用信息化技术建成网上心理咨询系统，充分发挥心理健康教育的德育效应，帮助学生形成乐观自信、自强自律、勤奋向上的健康心理。

（5）打造一支师德高尚、乐于奉献、实力强大的班主任队伍。坚持以能力养成为主线，以实践活动为载体，着力打造"班主任技能大赛"等班主任成长平台，加强德育信息化应用研究，改革班主任工作考核评价方式，优化德育工作环境，发展和提升德育内涵。

（6）成立家长委员会，完善家长委员会制度建设，使家长学校工作形成常规，发挥"互联网+"的优势作用，利用"人人通"带动家校互动，引导家长积极参与德育管理。创办茂名市家长学校示范校（2016）、广东省家长学校示范校（2017）。

3. 教育教学工作目标

（1）在"互联网+教育"时代，充分利用"云课堂"的教学资源，发挥互联网的特性，培养学生知识、视野、能力和思维的个体发展，利用现代化手段抓教学常规的落实，做好对教师的备课、讲课、作业布置和批改、辅导以及听课、评课的检查和总结。

（2）要认真落实基于微课的"先学后教，因材施教"的翻转课堂模式，结合我校实际，实行分层走班制教学，大力开展以学生为中心的教学实验改革，力求在各学科教学中办出自己的特色，提高课堂效率。

（3）积极开展科组活动，加强教学研究和教学改革，鼓励教师撰写教育教学论文，定期总结分享教学经验。

（4）加强各学科的竞争，培养学科拔尖人才，开展课外活动、科技活动，培养学生的创新意识和创新能力。

（5）加强体卫工作，力求降低近视新发病率，力争在运动会于同类学校中排进前3名，毕业生体育考试成绩合格。

（6）抓好期中、期末考试的命题、考试、监考、评卷和教学质量分析工作。

（7）严格执行课程计划，按照课程标准，开齐开足课程，特别是音、体、美、劳技、健康和地方教育课程。

（8）探索符合素质教育方向和教学实际情况的教学质量评价标准和方法，强化教学过程评价的积极作用。通过评价机制的改革来促进教学质量的全面提高。抓好毕业班工作，保持教育教学质量呈上升趋势。保证小学部各年级及格率、优生率、双优率均比同类学校同年级高5%。

（9）继续完善省、市级教育科研课题，提高科研课题的实效性。

（10）继续巩固和扩大"两基"成果，抓入学率，控制辍学率，确保"两基"各项指标稳中有升。

（11）依据课程改革的方向，开发课堂教学的立体空间，突出学生主体、教师主导、能力主线的教学思想，努力实现三个突破：加强基础，培养学力；发展个性，提高素质；减轻负担，提高效率。

（12）重点抓好学科带头人和骨干教师的培养。加强师资培训，狠抓教师基本功的训练和现代信息化教学技术能力的提高。

4. 学校管理工作目标

（1）学校领导班子加强理论学习，提高管理学校的能力。建设一个团结协作、为师生服务、办学效率高的领导班子。

（2）学校行政自觉接受学校党委会、教代会的监督。发扬民主精神，定期召开民主座谈会，广泛听取教工的意见和批评。学校重大的决策要交党委会、教代会讨论，广泛征求意见之后再做决定，规范校务公开工作。

（3）完善学校管理机制，建立健全各项规章制度。建立岗位责任制，加强督促、检查、落实，完善考核、评奖制度。

（4）落实教师职称晋升和聘任工作。对工作积极负责、成绩突出的要破格晋升；对纪律松散、工作马虎、未能完成其岗位职责的要进行就业再培训。

（5）加强教师队伍建设，抓好教师思想素质、业务素质、心理素质的提高。认真开展"立高尚师德，树教育新风"活动。更新教育观念，树立现代教育观、质量观和人才观，提高全面贯彻教育方针的自觉性。坚持"每周一次"的学习制度，组织教职工学习政治时事，学习教育理论。经常进行师德、师风教育，要求教师做到教书育人、依法治教。定期组织经验介绍，表彰先进。加强对中青年教师的培养，通过压担子、给任务把他们放在教育教学的重要岗位上的办法，努力提高教师的业务水平，培养与时俱进的新型教师。

（6）充分发挥党、团、工会、教代会的职能作用，群策群力，办出特色学校。

（7）班子团结，有活力，有开拓创新精神。

（8）坚持依法收费，坚持校务公开，坚持"收支两条线"，杜绝贪污挪用现象。

（9）加强校产管理，保障各种设备设施规范、安全，能充分发挥作用，为教育教学服务。

5. 师资队伍建设目标

抓好教师队伍建设是本规划期内的重要任务。严抓教师队伍建设，铸造良好的师德风采，培植优良的教风，是深化教育改革、提高教育教学质量、完成教书育人任务的根本。

（1）加强师德、师风建设，为人师表，以德育人。重视教师的理论学习，转变教育观念，苦练内功，努力提高教师实施素质教育和新课程标准的能力。

（2）完善教研组织，切实开展好校本培训、校本教研工作和新教材培训。搞好教研课题研究，促进校本教研工作的全面铺开，提高教师业务水平。

（3）培养学科带头人和骨干教师若干名。通过青蓝工程充分发挥师父带徒弟的作用，促进青年教师快速成长。要求教师发表论文占比90%以上，普通话培训合格率96%以上。计算机技术应用培训达标率100%，要求100%的教师能制作和使用课件。

（4）加大对教育科研经费的投入，设立教研专项奖励基金，并严格执行有关教科研工作管理、奖励条例，使教科研工作有序、科学运作。

（5）通过教育科研，规范教师的教学行为，优化课堂教学过程，提升教师的教学技艺，使优课率达到至少80%，现代教育设备的利用率达到100%，促进教育质量的稳步提高。

（6）建立教师教育服务诚信承诺，落实教师的教育权利，杜绝教师的违纪教育行为，建立符合现代教育理念的师生关系。

（7）改革学校人事管理制度。建立教师工作考核办法，根据教师的德、能、勤、绩和廉综合评价，优胜劣汰，为教师聘用制的实施做好基础工作。

（8）全员实行聘任制。

（9）全体教师学历达标100%。

6. 体育、艺术、卫生工作目标

在未来三年内，通过我校全体教职工的共同努力，力争实现以下目标：

——体育课程严格化

——艺术活动特色化

——卫生保健制度化

（1）认真执行《国家体育锻炼标准》《学生体质健康标准》，做好测试统计工作，力争学生体质测试合格率达至少95％。课程内容可向多样化发展，以满足学生不同的发展需要。

（2）继续深化体卫艺课程教学改革，大力提高体卫艺教育技术手段的现代化水平，大幅度提高体卫艺教育的教学质量。

（3）进一步做好师资队伍建设，建设一支具有实施素质教育能力和合格水平的师资队伍。

（4）积极推广面向全体学生的经常性的丰富多彩的课内外体艺活动，并逐渐使其规范化、制度化，巩固并不断强化学校的体艺特色。

（5）加大经费投入，使学校体卫艺教育需要的器材和设施符合上级要求。抓好学校卫生设施建设，修建垃圾池，配置垃圾箱，使学校无纸屑、杂草、壳皮、落叶、积水等。

7. 后勤管理工作目标

（1）后勤工作树立服务育人和管理育人的观念，努力提高服务质量，力争为提高教育质量多做贡献。

（2）建立民主理财机制，提高财务管理透明度，加强学校财物、财产管理，健全财物管理制度。

（3）努力改善办学条件

① 完成九年一贯制学校校园规划工作。在校舍建设中，要以现代学校的理念构建布局，使得校园环境优美、结构合理、功能齐全、使用实惠。

② 完善运动场各项配套设施建设，扩建篮球场、羽毛球场等体育设施，做好校园美化工作。

③ 不断增加办公电脑和其他办公设施配置，发挥现代办公系统的作用。

④ 做好校舍、校产的日常维修工作。

8. 校园文化建设目标

以"龙文化"作为学校的文化，根据"高雅、达理、会学、能做"的理念科学规划校园文化建设方案，美化校园，完成绿化工程，形成若干特色景区，使全校形成人景交融的文化氛围，陶冶学生高尚情操。开展校园文化活动，扩展学校艺术团和学生社团，为学生的艺术文化发展搭建广阔的平台。建设高标准的田径场、器械场、假山、雕塑等。建设高标准的校训牌、德育标牌、知识标牌。建设好学校广播室、德育展室、图书室、实验室、器材室、体育卫生室等。

9. 党、团、工会建设目标

全面加强党的思想建设、组织建设和作风建设，进一步巩固保持共产党员先进教育活动成果，不断开拓创新，为学校的改革、发展提供坚实的政治思想和组织保证。学校党组织成为学校各项工作的堡垒和核心，学校党委发展成全市教育系统基层先进党组织。党员充分发挥先锋模范作用，在群众中享有较高的威信，党组织具有较强的凝聚力和号召力，使加入党组织成为青年人的追求。

团委工作将紧紧围绕党组织和上级团组织的中心工作要求，服务于学校工作重心，积极引导学生树立正确的世界观、人生观，切实加强学生的思想政治教育，致力提高学生的全面素质，进一步推动学校德育工作的开展。重点开展以美德教育为主线的系列主题教育活动，加强对学生会工作及学生社团工作的指导，围绕学校中心工作在学生中开展"创建节约型校园"活动等。

在上级教育工会和学校党委会的领导下，以创建和谐校园，全面贯彻和落实学校各项工作计划为工作总目标，紧紧围绕学校教育教学中心工作，团结和带领广大教职工，牢牢树立科学发展观，坚持以人为本，充分发挥工会各项职能，努力推进学校工作向更高层次发展。在学校党委会的直接领导下，进一步加强我校民主制度建设，努力营造和谐民主氛围，进一步健全和完善教代会制度。建立和谐、愉悦的教工之家，增强广大教职工的凝聚力。加强工会建设和桥梁作用，进一步推进和谐校园建设。

六、工作措施

（1）加强师德建设，通过走出去、请进来、教师互相交流经验等做法，全面提升教师的育人水平，使教师全心全意服务学生，做到有教无类，因材施教。

（2）促进教师业务水平的提升，通过派出去和请进来的方式，及上示范课、互相评课、成果展示、集体备课等形式提升教师的业务水平，通过学习和掌握现代化教育手段，实现教育教学的变革，实现教育现代化。

（3）加强干部队伍思想建设、组织建设和作风建设。

① 领导班子讲学习、讲政治、讲正气，加强自我修养，要勤政廉洁，建设一个既有民主，又有集中；既分工明确，又协调一致的团结、进取、高效的领导班子。

② 发现、培养并大胆使用年轻干部。

③ 努力改进工作作风，干部要以身作则、严于律己。班子成员要坚持任课，深入第一线，密切联系群众，加强横向联系，发挥协调作用，加强学习，提高领导管理水平。

（4）进一步完善和健全教育教学管理体制。

① 坚持校务公开原则，加大校务管理透明度。

② 理顺处室之间关系，明确在校长室统领下各职能部门的职责，形成精干高效的领导集体。

③ 明确分级管理的责任，各年级组要协调一致，保证正常运作，完成工作任务。

④ 坚持按劳分配，健全奖惩制度，要赏罚分明，重赏有突出贡献的教职员工。

（5）努力改善教师待遇，多为教职员工办实事。

（6）增强学校运行机制的活力，提高工作效率。充分发挥现有行政机构即中层管理干部的能动作用，理顺学校管理系统，做到目标明、方向清，既独立运作又互相协作，提高工作效率，同时还要充分依靠和发挥年级组长和科组长的作用。

（7）培养学生坚定的信念，强化学校德育工作。

① 加强以党团组织、学生会、年级组长、班主任为核心的德育队伍的组织建设和思想建设，并带动全校教职工，形成学校德育工作的全时空性和全员性运作。做到开学有计划、期中有检查、期末有总结，使德育工作落到实处。

② 抓好校风建设，是我校德育工作的主要内容，内抓校风，外树形象，使全校学生严于自律，勤奋学习，拼搏开拓，勇于创新。

③ 大力加强对学生文明行为习惯的养成教育和劳动教育，严格出习惯，习惯成自然，使良好的行为蔚然成风，有意识地创造优美整洁的环境，培养学生高尚的情操。

④ 共青团、少先队组织要抓好建设工作，使之有章程、有计划、有活动，并收到良好效果，注重做好和落实好后进生的转化工作，使我校学生违法犯罪率保持为零。

⑤ 认真抓好德育科研工作，落实德育研究课题，使德育理论学习和德育研究成为一种制度，开好每学年的德育研讨会，认真做好对德育工作的评价和奖励工作，使之制度化，努力提高德育工作水平。

（8）以教学为中心，努力提高教学质量。

① 加强和完善常规教学的管理工作，在面向全体学生的前提下，要以人为本，利用互联网优势，做到因材施教、分类推进。学校确定教学管理的科学目标，落实教学计划和大纲，各个年级、学科要有学年、学期的教学计划和具体实施内容，教务处要做好教学计划的检查和评估工作。

② 提高课堂教学质量，切实抓好教学过程中的各个环节，掌握学生的认知能力，充分发挥学生的主体作用，调动学生的学习积极性，坚持启发式教学，培养学生自主学习和创新能力，努力提高课堂教学质量，优质完成教学任务。

③ 以"新课程标准"贯彻全面的教育创新，组织好教师的培训、学习等工作，改变传统的教学方法和教育理念，坚持以学生的发展为本，努力开发他们的学习潜能和创新意识，培养祖国建设需要的新型人才。

④ 加大对中考工作的组织管理力度，争取毕业班工作年年上台阶。在这5年，力争做到在保持中考成绩稳定的前提下，一年比一年强。具体目标要根据每年我校实际拟定，毕业班工作要遵循以下原则：一要抓早；二要抓紧、抓落实；三要严格要求，讲究科学，提高效率，争取一年进步，两年发展，三年有新突破。

⑤ 按照学校的发展定位，要规划和落实计算机室、多媒体功能室、实验室、图书馆、体育场地以及艺术特色专用教室建设，加强管理，建章立制，提高运作效率。

（9）抓好后勤工作，为师生服务，为教育教学服务。

① 后勤工作是学校整体工作中不可缺少的部分，必须树立为教育教学服务的思想，要做到开源节流，量入而出，勤俭办学，热情为广大师生服务。

② 认真执行财务制度，严格按规章办事，做好财务预算，在执行过程中必须做到有章可循、有法可依，执行"一费制"，杜绝乱收费，合理收取和使用费用，做到校务公开。

③ 做好学校总体发展五年规划，搞好学校基本设施的建设，创造更好的办学条件，完成校园的绿化，美化和净化工作，使全体学生在一个良好的环境之中学习生活，做到环境育人。

④ 逐步改善教师的办公和生活条件，管理好食堂，符合饮食卫生标准，积极开展教工文体活动，活跃教职工业余文化生活，增进身心健康。同时要做好工会、共青团、少先队以及妇委会的工作，做好计划生育工作，保障广大女教职工的合法权益，关心每位教职工的家庭生活。

（10）加强安全保卫工作，保障校园安全。

加强学校保安队建设，组建学生安全小组。增强保卫人员意识，把好门，管好人；防火防盗，消除隐患，确保学校安全。加强安全工作，无安全事故发生。

（11）加强卫生健康教育，建设健康校园。

使学生养成良好的卫生习惯，切实提高学生健康水平。优化心理健康咨询室建设，开展心理健康教育和心理健康咨询活动，促进学生心理健康成长。强化校园卫生管理，保持校园良好的卫生环境，教育学生讲究卫生，养成良好的卫生习惯。

第三节　破解教育信息化困境
创建"互联网+"智慧校园

——茂名市龙岭学校创建"互联网+"智慧校园典型示范案例

从2012年开始，国家就开始实施教育信息化1.0的国家战略，提出建设"三通两平台"的目标。近几年来，从党中央到国务院，都出台了很多相关的文件与政策推进教育信息化的建设与应用，从中央到地方，都投入了大量的资金保障教育信息化的顺利推进。2018年，国家又发布了《教育信息化2.0行动计划》，提出了"三全两高一大"的建设目标，全面提高教育信息化应用水平。为了贯彻党和国家的教育方针政策，培养创新型人才，从2014年开始，茂名市龙岭学校积极探索信息化与教育教学的深度融合应用，创建"互联网+"智慧校园（见表1）。

表1　茂名市龙岭学校教育信息化技术应用典型示范案例表

目标（初心+理念）	创建"互联网+"智慧校园
困难（问题）	1. 基础薄弱。 2. 教师反对。 3. 家长担心。 4. 资金不足
措施	1. 成立领导小组。 2. 制定方案。 3. 培训提升。 4. 以点带面。 5. 总结表彰

续 表

目标（初心+理念）	创建"互联网+"智慧校园
效果（创新与特色）	1. "人人通"+安全，织密防网。 2. "人人通"+德育，趣味实效。 3. "云课堂"+教学，高效智能。 4. "公共服务平台"+管理，高效环保。 5. "云可视"+管理，运筹帷幄。 6. 树立榜样，引领辐射

一、教育信息化之困

1. 基础薄弱

2013年8月，茂名市上下正在进行广东教育强市工作，创强标准教育信息化的指标尤为突出，要求建成"三通两平台"，学生的电子终端普及有一定的比例。然而，当时龙岭学校的教育信息化设备配置离创强标准还有很大的差距，如教室没有固定的电脑设备，学生没有智能移动学习终端，师生也没有实名制的学习空间等。

2. 教师反对

2014年初，学校领导在校务会议上提出要把学校的教育信息化水平提至新的高度，当时，就有部分领导提出质疑。在做教师调查的时候，大多数教师或担忧或反对，学生的自控力差，他们担心一旦允许学生带平板或手机回校上课，会导致一部分学生染上"网瘾"或沉迷于电子游戏等，会给教师的课堂管理带来很大的压力。

3. 家长担心

随着互联网时代的到来，互联网智能手机和平板电脑在改变我们的生活方式的同时，也不可避免地对孩子产生了很大危害。各种媒体常有报道某某学校某某孩子沉迷于电子游戏或染上网瘾，不肯学习，不思进取，萎靡不振等负面现象。于是，大部分家长视手机与平板为洪水猛兽，谈"网"色变，对学校提出的教育信息化计划采取消极抵制的态度。

4. 资金不足

搞教育信息化，给人的印象就是有钱学校办的事，当时，学校每年的经费只有100多万元，这点经费用于学校的正常运转和设备维修等都很吃力，再要投入资金到教育信息化建设中来，办学经费就更为吃紧了。

二、教育信息化之行

1. 成立领导小组

为了保证教育信息化顺利推进，学校于2014年9月份成立教育信息化领导小组，校长担任组长，副校长担任副组长，下设信息中心办公室，由教研室主任兼任办公室主任，负责推进教育信息化建设，信息技术科组教师和各科组长组成办公室成员，把推进教育信息化应用作为学校的重点工作（见图1）。

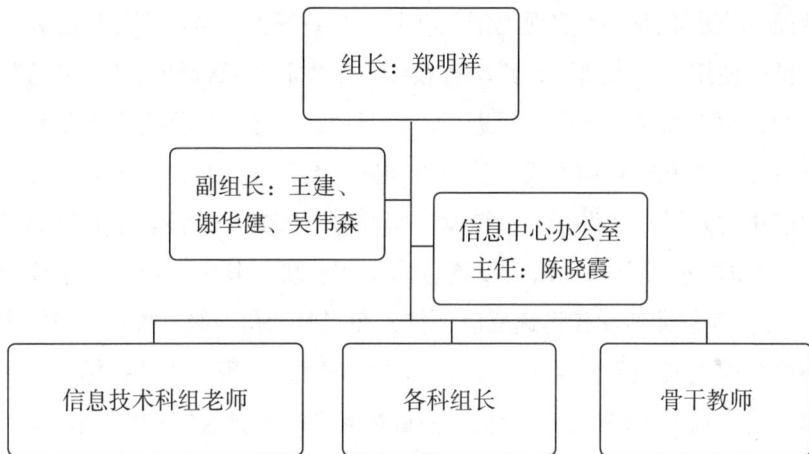

图1　茂名市龙岭学校教育信息化领导小组

2. 制定方案

为了有序和科学地推进教育信息化进程，学校制定了可行的实施方案。方案有目标、分步骤、明责任、讲实效，把教育信息化技术的学习作为教育的必修内容，把推进教育信息化应用的成效与教师的评先、评优和职称、职务晋升等挂钩，激励全体教师在教育教学中应用信息化，做到目标明确，思路清晰，责任到人，效果明显，为推进教育信息化绘制了清晰的线路图。

3. 培训提升

要全面推进教育信息化，就要理念先行、技术过硬、持之以恒、保障有力。为了做到这一点，该校进行了分层培训。首先，对教师进行培训。先派出几个骨干教师出外参加相关的培训，回来分享心得，进行宣传预热，营造氛围，再请相关专家到校对全校教师进行培训，最后进行校本培训，边学边做，边做边提高，使全校教师的理念得以更新，信息术技术水平得到提高。其次，培训家长。对家长们进行体验式培训，让家长体验到信息技术给教育带来的诸多好处，让家长明白只要利用得好，互联网和手机对学生的影响也不是想象中那么糟糕。再次，对学生进行培训。引导学生树立远大理想，利用信息技术和电子技术为自己的学习服务，使其成为他们最遥远而又最亲密的老师。同时，自觉抵制不良诱惑，远离游戏。

4. 以点带面

教育信息化是一个新事物，为了保证效果，学校在推进的过程中，做到以点带面，稳步推进。①实现无纸化办公，高效环保，强制领导接受和应用这点。②推广使用"人人通"，给所有教师、学生和家长都开通"人人通"个人学习空间，师生和家长利用手机进行家校互动，在个人空间上布置德育作业，改变德育方式和家校互动方式，让师生和家长初步享受信息化带来的便利看到信息化应用的效果。③设立"云课堂"实验班。2014年，茂名市教育局采购了6个班额数量的平板电脑用以建设智慧课堂实验班，其中，给龙岭学校配备了1个实验班名额。龙岭学校迅速反应，首先在当时的初一级，挑选了成绩中等的一个班作为前期实验班。经过一个学期的实验，这个班的成绩指标跃升到了全级的第一名。到了2015年，学校把实验班扩大到3个，经过一个学期的实验，这些班的成绩都有不同程度的提升。到了2016年，学校在初一年级全面铺开基于"云课堂"的智慧课堂，由学生自主选择学习方式，自带平板电脑，学生及家长热情高涨，90%的学生及家长选择了基于"云课堂"的智慧课堂。2017年的七年级，将动员全体学生选择基于"云课堂"的智慧课堂教学方式，继续推进和完善智慧课堂建设。

5. 总结表彰

教育信息化的不断推进，没有可行的经验借鉴，茂名市龙岭学校只能摸着石头过河，举步维艰。在这个过程中出现了这样那样的问题，学校要求教师不断地总结、反思，撰写心得，编印成书，供大家互相学习。同时，学校每年都对在教育信息化方面做出突出成绩的教师进行表彰。

三、教育信息化之果

2014年学市全面建设"人人通"个人学习空间、"云课堂"优质资源平台和公共服务平台，学校也争取到了100万元经费用于班班通和校校通网络建设，给每个班配备带有互动仪的平板加电脑组合，给100名教师每人配备了一台手提电脑。从此，开启了学校教育信息化的新局面，全面建成和使用了"三通两平台"，改变了原来的教育、教学和管理方式，极大方便了教师的备课，为教师提供了精准的学情分析，使教师备课和教学更有针对性，实现了培养学生自主学习、个性化学习的高效课堂，为学校提供了有效的教学大数据，减少了教育教学改革的决策失误，提高了管理效率。此后，学校每年不断完善信息化建设，在做好硬件建设的同时，更注重教育信息化的应用。目前，学校已经实现了百兆光纤宽带班班通，无线WiFi全覆盖，建成精品录播室2个、VR创客实验室1个、未来教室1个，所有教师人手一台手提电脑，基于"云课堂"翻转课堂已经在全校教学中常态应用。教育信息化应用实现校园管理的全覆盖，"互联网+"智慧校园成为学校一道亮丽的风景线。

1."人人通"+安全，织密防网

"人人通"平台为师生和家长提供了更多的学习通道。学校定期组织和动员全体师生，家长利用安全教育信息化平台学习校园安全课程，努力营造人人关心学校安全、时时关注学校安全的浓厚氛围。面对网络对学生的侵蚀，学校化"堵"为"疏"，通过视频故事让学生认识到网络上存在陷阱，理智地对待各种诱惑，抵制不良思想的侵蚀，明辨是非，增强网络道德意识，分清网上善恶美丑的界限。初二5班班主任黄老师说，自从有了"人人通"学习空间，学生的网络安全意识增强了，安全教育效果比传统的教育方法更加有效。学生家长反馈，自从有了"人人通"辅助学习以后，手机和互联网不再神秘，孩子慢慢养成了良好的用机和网上学习习惯。

2."人人通"+德育，趣味实效

学校创新方式，利用"人人通"进行德育管理和教化，新颖实效。首先，学校通过"人人通"开办网上家长学校，定时向家长们推荐育儿心得，让家长学习更多有关教育孩子的知识，班主任和德育导师随时随地进行网上"家访"，不受时空的限制。同时也欢迎家长参与学校管理，实现家校联教。其次，利用现代技术，把原来枯燥、无味的德育课程可视化、趣味化，增强德育效果。例如，培育和践行社会主义核心价值观教育，通过可视化的教育和撰写心得的方式，要求家长陪同观看，引导学生撰写心得，通过"小手"拉"大手"发扬社会主义核心价值观，收到良好的效果。学生张家富的家长是一个生意人，每周回来都拿着手机和孩子一起观看社会主义核心价值观教育视频，他觉得我们国家就是了不起，富强、民主、文明、法治等社会主义核心价值观他已经朗朗上口。通过"人人通"平台，还可以布置校外的实践德育作业，大家进行分享，互相影响，传播正能量。例如"三八妇女节"，学校布置感恩母亲的行动作业，结果学生们都将自己对母亲的感激化作行动，通过相片或视频的形式晒在"人人通"微博广场上，散发着满满的正能量。

3. "云课堂"+教学，高效智能

学校利用"云课堂"，实现优质资源共享，全校师生可随时随地利用网络优质资源教学。"云课堂"的使用，让教师无论身处何处，都可随时进行备课和批改作业等。一位老师出差一个星期，她班的语文课如常进行，语文科代表组织同学观看老师发回的批注及微课，生成问题，进行热烈讨论，形成自学。在学生看来，老师虽然出差，但依然可以听老师讲课。在老师看来，她的课没有被耽误。对学校来说，不用找代课老师，避免了很多难题。

利用"互联网+云课堂"，课堂教学实现了翻转，培养了学生自主学习的能力。一位同学回到家吃过晚饭后，便拿着平板观看老师发布的微课，看完微课后做测试题。今天他得到了85分，自己找到了存在的问题后，把问题上传到"云课堂"，等待上课时和同学们一起讨论解决。第二天的课堂上，学生们对大家积累的问题讨论非常热烈，每个小组都展示了自己的见解，在老师的引导下，学生们掌握了重点，突破了难点。就这样，这位同学完成了一节新课。对他来说，既学习了知识，也锻炼了自主学习、个性化学习、发现问题、分析问题、解决问题和创新创造的能力。

郑明祥校长根据云课堂的数据分析，对教学有了底，并且明确了对下一步学校的课堂教学应该怎么做。有了原始大数据分析，教学管理就是省心。

4."公共服务平台"+管理，高效环保

一位老师今天身体不舒服，她在学校的公共服务平台上填写请假条，不到半个小时，请假批准了。郑明祥校长用公共服务平台批阅文件，让他掌握了所有文件的去向和办理情况。公共服务平台的管理应用，实现了绿色、高效的办公目标。

5."云可视"+管理，运筹帷幄

学校利用"云可视"平台，实现了云端管理。郑明祥校长通过"云可视"平台巡视校园的每个角落，再逐个教室进行听课，不到一刻钟，他就了解了全校的情况，真是省时、省力、高效，做到运筹帷幄。

6. 树立榜样，引领辐射

经过近4年的建设和应用，学校的教育信息化应用成效显著，得到上级领导、社会各界和全体师生的认可，成为当地教育信息化应用的一面旗帜。学校于2016年8月，被教育部教育管理信息中心授予"全国基于微课的翻转课堂创新研究示范学校"称号，2018年，被广东省教育厅授予"全省基础教育'基于微课的翻转课堂创新模式研究'实验研究基地"称号，教师在2017年全国"一师一优课"评选中，获部级优课2节，省级以上优课12节，市级优课21节的成绩，成为该市获奖最多的学校，参加"中国第三届微课大赛"5人获奖，学生在参加各种软件制作比赛，屡获殊荣，学生的整体素质和学习成绩大幅度提高。学校受邀在教育部教育信息管理中心举办的2016年"全国教育信息校长领导力培训班（肇庆站）"、2018年"全国的教育信息化建设与应用培训会"（见图2）、2018年"第二届微课与翻转课堂创新发展大会"做经验介绍，也多次在全省基础教育信息化应用现场会、全市教育信息化应用现场会上做经验介绍。近3年来，学校多次接待了教育部相关领导、副省长、教育厅厅长、市委书记、市长等领导的来访调研，接待了来自河北、广西等教育行政部门和兄弟学校等学习团体单位超100个，学习人员超5000个。学校现成为全市教师培训中心教育信息化培训基地。

图2　郑明祥校长在第一期全国教育管理信息化建设与应用培训会上做经验介绍

四、教育信息化之未来

学校的信息化应用虽然已经达到了一定的水平，覆盖了学校的方方面面，但只是停留建设和应用的表面。学校以后还会在优质资源库与人工智能的融合建设方面加大研究和开发，使学生的学习更加人性化、个性化和自主化，充分挖掘学生的潜能，培养学生的创新思维和创造能力。

（该案例荣获全国基础教育信息化典型案例）

附：

茂名市龙岭学校评审专家意见

茂名市龙岭学校紧紧围绕九年一贯制学校管理和教育教学的需求，以"统筹规划、分步实施、任务驱动、聚焦重点、立足高端、长远发展"为原则，制定符合学校发展的、切实可行的近期、中期和长远发展目标，灵活运用"互联网+"时代的新型信息技术，创建了"互联网+"一体化、数字化、可视化、移动化和智能化的智慧校园，构建了覆盖学校行政管理、教育教学研究和后勤保障全过程的一体化智慧业务平台。同时，学校通过采取成立领导小组，明确责任分工；加强硬件建设，升级支撑平台；开展层层培训，提高应用水平等保障措施，有力地保障了智慧校园建设成果在学校管理、德育工作、安全教育、教育教学等层面的应用。

该校在教学中，积极探索智慧校园的具体应用，通过"互联网+"智慧校园，在提高学校的办学条件、师资水平与治理水平方面成效明显，在改变学生学习方式、评价方式、家校协同教育、管理模式等方面也取得了显著效果，产生了真实的效益，得到师生、家长的认可和欢迎。

建议学校在后期的信息化应用中，深入挖掘智慧校园各业务系统中产生的学生学习、教师教学等过程性数据的价值，真正做到学生学习资源推送的个性化、教学支持的精准化，并努力形成可以推广应用的案例，在茂名市乃至全省甚至全国产生积极的示范作用。

专家组组长签字：楮建军

2017 年 12月25日

图3　2017—2018年度全国基础教育信息化应用典型案例获奖证书

第四节　茂名市龙岭学校初中数学、英语分层走班制教学实施方案

一、指导思想

《国家中长期教育改革和发展规划纲要（2010—2020年）》指出："关心每个学生，促进每个学生主动地、生动活泼地发展，尊重教育规律和学生身心发展规律，为每个学生提供适合的教育。"努力培养造就数以亿计的高素质劳动者、数以千万计的专门人才和一大批拔尖创新人才。

二、实施分层走班制的理论依据

（1）尊重个体差异，因材施教。孔子提出的"因材施教"理论是分层教学的根本依据。

（2）课堂教学的基本原理——"层次性原理"。教学过程是师生交流的过程，师生交流必须在同层次下才能顺利进行，即交流双方必须有"共同语言"。

学科分层次走班教学就是依据素质教育的要求，面向全体学生，承认学生差异，承认学生学科间存在不同的"最近发展区"，为学生提供适当的"学习条件"，使处在相同"最近发展区"的生生交流、师生双边沟通有"共同语言"，彻底改变大一统的教学模式，真正实现"因材施教"。

三、我校实施初中数学、英语分层走班制教学的背景

实施数学、英语分层走班制教学是我校学生的数学和英语学习现状的必然需要。

学生在生理发展和心理特征上的差异是客观存在的，对数学和英语的兴趣和爱好，对数学、英语知识的接受能力的差异也是客观存在的。尤其是义务教育阶段的初中学段，学生是按片区划分免试入学，学生素质参差不齐，又存在能力差异，导致不同学生对知识的领悟与掌握能力差距很大，经过学校多次的水平监控，我校发现学生在数学、英语学习中，两极分化的问题极为突出。

面对这些情况，为了让学生得到最优发展，更好地贯彻课堂教学的四大原则，即方向性原则、循序渐进原则、量力性原则和因材施教原则，尤其是"因材施教"原则，势必要丢弃传统的教学模式，而进行有针对性、科学性、可行性的分层走班教学模式。这是使全体学生共同进步的一个有效措施，也是使"因材施教"落到实处的一种有效方式。

四、我校初中数学、英语分层走班制的内涵

我校初中数学、英语分层走班制教学的概念可分为两个方面理解。一是分层次教学，即根据学生已有的基础知识和学习能力的不同，给每个学生一个基础平台，然后在稍高于他们的水平上提出要求，确定不同的教学重点，提高和巩固学生已有的基础知识。二是走班制，即学生根据班主任和任课教师建议自愿选择适合自己的水平和能力的教学班上课，两个层次的班级同时在不同教室上课。除了数学和英语外其他学科和教育教学活动在原平行班进行。

五、实施分层走班制教学的优势

1. 有利于所有学生的提高

分层教学法的实施，能最大限度激发学生的学习兴趣，使学生主动参与课堂，可以避免部分学生在课堂上完成作业后无所事事的情况，同时，容易让所有学生都体验到学有所成，增强学习信心。

2. 有利于课堂效率的提高

（1）教师事先针对各层学生设计了不同的教学目标与练习，使得处于不同层的学生都能"摘到桃子"，获得成功的喜悦，这极大地拉近了教师与学生的关系，从而提高师生合作、交流的效率。

（2）教师在备课时事先估计了在各层中可能出现的问题，并做了充分的准备，使得实际施教有的放矢，增大了课堂教学的容量。总之，这一教学法有利

于提高课堂教学的质量和效率。

3. 有利于教师全面能力的提升

通过有效地组织好对各层学生的教学，灵活地安排不同的层次策略，极大地锻炼了教师的组织调控与随机应变能力。分层教学本身引出的思考和学生在分层教学中提出来的挑战都有利于教师能力的全面提升。

六、预期目标

"优生"吃得饱，"学困生"吃得了，切实减轻学生的学习心理负担，保护学生的自尊心和自信心，极大地调动学生的学习积极性，激发每一位学生的潜能，使全体学生的数学、英语成绩普遍得到提高。

七、我校实施分层走班制教学的措施

（一）成立领导小组，统筹规划

学校将成立以郑明祥校长为组长，陈铁平、谢华健、王建三位副校长为副组长，教务处主任曾庆欢老师，教研室副主任陈晓霞老师，初一级组长谭海老师，初二级组长刘儒浩、吴静蕾老师和数学、英语备课组长为成员的领导小组，对学生分层走班教学进行统筹规划、统一管理。

其中，教研室副主任陈晓霞老师负责实施方案的制定，教务处协同年级组长谭海老师、刘儒浩老师、吴静蕾老师负责课程的安排和教室的分布、年级教师工作的协调，数学、英语备课组长负责学生的分层目标制定和组织相关教师引导学生选择层次、分好班级。

（二）宣传发动，统一认识，获得支持

所有的改革都要取得大家的共识和支持才能得以顺利进行。学校将通过召开家长会、教师会议、学生会议，统一各层次家长、教师、学生的认识，赢得家长、学生和教师的认可与支持。

（三）科学管理，优化人力资源，调动教师学生积极性

1. 实行双向管理

由行政班班主任负责组织完成学校布置的日常工作和除数学、英语科外的纪律考勤、座位表安排等工作。由教学班任课教师负责该科的纪律考勤、座位表安排、学生学情跟踪等工作，如果发现学生出现思想问题，要及时与其行政

班班主任反映并共同教育。

2. 实行动态管理

对学生学习实行动态管理，在学期期中和期末，根据学生的实际情况，结合班主任和任课教师意见及学生意愿，实行"微调"，成绩进步的学生可以调到"巩固"班，成绩退步的或不适应课程进度的学生必须调到"提高"班。

（四）培训教师，明确层次教学内容和目标，选定层次教学方法

根据学科特点，教师在制定不同层次的教学目标、教学进度、教学时数、教学策略与方法时都充分考虑学生的差异性，一改过去"一刀切""一个模式""大一统"的弊端，最大限度地实现培养目标的"多元化"。

1. 课堂教学内容分层模式

根据新教材难易度的差异，教学内容可分为三类：第一类是大纲基础知识，第二类是重点知识的运用，第三类是难点的突破（见表1）。

表1　教学内容分类表

内容层次	第一类	第二类	第三类
巩固	掌握	理解运用	突破难点、创新思维、综合运用
提高	掌握	一般理解	不做要求

2. 教学目标分层（见表2）

表2　分层实施目标与策略

层次	数学	英语	教学策略
巩固层	遵循教学大纲和教材，局部高于教学大纲和教材，拓展学生的课外知识	①落实教材和大纲的全部要求；②英语输入和输出能力的培养；③培养自学能力，为进一步学习和发展打下良好的基础	具有科学的学习方法、策略、经验；内容适度扩大；密度适当加高；多点变化，多点综合，多点自主，多点交流，注重培养学生的创新能力和实践能力，突出尖子生培养

续表

层次	数学	英语	教学策略
提高层	遵循教学大纲和教材灵活施教，根据考取普通高中所需知识、能力和初中过关性知识能力要求实施教学	①培养兴趣，增强信心；②补回基础，注重学法指导；③落实教材和大纲的大部分要求；④落实基础教育阶段英语课程的教学目标与内容	侧重解决学习态度问题，解决学习方法、策略的问题；重基础，慢变化，多示范，多练习，勤反馈，多鼓励

分层施教时，可遵循"上不封顶、下要保底"的原则。巩固层学生除完成教学大纲规定的要求外，还要增学其他校本课程。降低提高层学生起点，保证其完成大纲最基本的要求。

3. 教学方法分层

在教学方法上，教师对巩固层次的学生重"悟"，对提高层次的学生重"启"。对于基础知识和学习能力都不好的学生，想方设法激发他们的学习兴趣，调动一切的积极因素，使他们好学习，学习好。对于基础好、学习能力强的学生，通过问题引导他们自己去"悟"，培养他们发现问题、分析问题、解决问题的能力。最终，全体学生都学有所成，为终身发展打下良好的基础。

4. 作业分层

作业练习能加深学生对所学知识的理解并且能使知识形成技能。由于课堂教学目标有所不同，为巩固所学内容作业的设计应有所不同。"巩固班"学生应该完成基础题加能力提高题，"提高班"学生则重点完成基础题加补差题。当然，"提高班"学生完成自己的练习题后可以向高一级练习挑战从而进一步激发求知欲、学习兴趣与热情。

（五）对教师和学生进行绿色综合评价

为了激发师生的积极性，主要采用绩效考评的方法。

1. 对教师绩效的考评——转化率、贡献率

提升幅度：最初层次组班原始成绩的变化情况（以分班成绩为依据）。均分差：同层次各班级中的位次变化。贡献率：向更高层次班级输送的学生人数。

2. 对学生学业成绩的考评——标准差

和上一层次班学生比，和同一层次班学生比，及其在整个年级位次的变化幅度。

采取同一试卷进行绩效学分评价："卷面分乘以系数"——用来保护资优生的积极性，当然卷面分数系数的科学性有待分析。

评价结束后进行适时的鼓励，如评选学习之星、进步之星等。

第五节　改革与创新齐飞　活力与智慧并存

——茂名市龙岭学校2016—2017年第二学期工作总结

2017年上半年，在茂名市教育局的正确领导下，我校高举"教育创强创现"工作旗帜，按照年初制定的工作计划，以"全面发展乐成长，个性创新活成才"的办学理念，积极探索教育信息化的有效实施办法，有条不紊地开展各项工作，打造活力与智慧并存的龙岭校园。经过全体教职员工的共同努力，学校圆满完成了各项工作任务，现将具体情况总结如下。

一、学校基本情况

学校以教育信息化带动学校现代化的建设，实施精细化管理，创新教育教学模式，办学水平和教育教学质量快速提升。本年度学校荣获"全国基于微课的翻转课堂创新研究示范学校""茂名市教育局先进基层党组织""茂名市平安校园""茂名市心理健康特色学校"等集体荣誉称号，多次承办全市范围内的有关教学教研信息化应用现场会，创立了教育信息化智慧教育品牌。学校管理水平进一步提高，得到了上级和社会各界的一致认可。

二、主要做法

（一）精心筹措，细处着眼，不断提升管理水平

1. 加强党风廉政建设

学校坚持重大问题实行民主决策的制度，各项政策的出台按照行政班子讨论、教师代表评议、教代会审议、全校公示等程序进行，并做好会议纪要，跟踪落实。学校建立物品采购制度、工程发包制度、招生制度、评优评先制度、

校务公开制度等。学校开支做到精打细算，提高学校教育经费的使用效益。

2. 规范学校办学行为

加强对学校办学行为的检查督促，保证学校没有出现违规的教学行为，禁止任何教师从事有偿家教，禁止任何教师向学生收取或变相收取任何费用。

3. 严格透明管理财务

学校规范收费行为，严禁任何个人向学生乱收费。严格执行财务预算制度、会计审核制度和校务会议集体会签等，坚持收费公示制。

（二）强化教学管理工作，创设幸福完整的教育生活

1. 严格课程设置，强化教学常规细节管理

学校严格执行《中小学学籍管理规定》等教育法律法规和素质教育的基本要求，按规定办理入学、转学、借读、毕业等手续。学籍管理档案齐全、规范、真实准确，且能按市教育局要求实行电子化管理。严格执行国家《课程计划》，开齐课程，开足课时，使教学常规工作进一步规范化、制度化。学校每个学期对教师批改作业的情况进行抽样检查，并利用"问卷网"开展学生和家长对教师满意度的调查，并将调查结果及时反馈给教师，督促教师及时改进。同时，对每周各教研组开展的教研活动进行跟踪检查，在检查过程中，做到定时间、定地点、定人员，切实保证每位教师深入参与活动。

2. 规范办学行为，提高师生教与学的幸福感

学校以"培养活力少年，创建幸福乐园"为办学目标，在学校管理上坚持规范化办学，努力让师生享受幸福完整的教育生活。我们严格执行上级部门的规范化办学要求，全面推进新教育实验，开展每月一主题、一节日主题教育活动，定期举办体育节、读书节、科技节、艺术节。学校通过校本课程的开发与实施，成立形式多样的学生社团，开设陶泥、3D打印，VR设计、篮球、乒乓球等40多个校本课程，帮助学生每学年培养一项特长，处处展现龙岭活力。

（三）探索教研信息化，创建智慧校园

我校坚持把探索教育信息化应用作为促进学校发展的重要课题研究，把教育信息化应用定位为支撑新课程改革的工作平台，为全体师生创造一个个性化的、高效的信息化教学环境，以改变原有的工作、学习、教学方式，达到提高教学效率的目标。以信息化带动学校教育现代化，创建"互联网+"智慧校园。学校还对每个教室原有的教学平台进行了升级换代，接入互联网1000M宽带，

无线WiFi校园全覆盖，每班配置独立的"云课堂"终端，增开2个手机班、10个平板班、1个"优学派"班。全校师生都开通使用"茂名云课堂"优质资源平台、"茂名人人通综合学习平台"，进一步完善了"三通两平台"。

1. 继续深化推进教育信息化应用

（1）从纸质教案到电子教案

为推进我校教育信息化应用与课堂的深度融合，实现资源共享，减轻教师备课负担，打造和谐高效的精品课堂，不断提高教育教学质量，本学期在学校领导的指导下，教研室推行了教育信息化应用背景下的电子备课。电子备课也叫无纸化备课，包括电子教学设计（教案）、多媒体课件（也称电子课件，包括影像、图片、声音、动画等）、教学资源（音频、视频、文字、图片、参考资料等）等三部分，而不是将纸质教案电子化。本学期中小学各备课组形成电子教案包共200余份。

（2）建立平板实验班

为了进一步推进我校教育信息技术与课堂教学深度融合，扩大教育教学影响范围，培养更多具有自主学习能力、创新精神的学生，学校各部门对学生家长进行调查求证、开会动员、自愿报名等，在小学四、五年级和初一年级组建了第二批平板实验班共15个。

2. 教研活动线上线下相结合

本学年学校推行无纸化备课和科组活动，由科组长派专人负责，对本学期常规的听课备课活动、外出学习等使用"有道云笔记"进行图文并收的记录，然后由相关教师分享到相应的科研群里共享优质学习资源。另外，本学期完善了"茂名云课堂"里的备课组建和电子备课资源，教师们的电子教案都可以在"茂名云课堂"里共享。

3. 接待各方学校的参观交流团，发挥我校在教育工作中的引领作用

协助接待各方兄弟学校的参观交流团，充分发挥我校在市教育信息化应用工作中的引领作用。

本学期，随着市创现工作的深入推进，各方兄弟学校纷纷组团到我校就教育信息化应用和创建现代化学校进行参观交流。一学年来，教研室协助接待了来自广东省政府参事调研团、广东省肇庆五中、东莞市常平教育局、广西梧州市教育局、广西梧州市一中和茂名市第十七中学、茂名市茂南区第一中学、云浮市教育局等大大小小20多个参观交流团。这些团体进一步肯定了我校教育信息化应用的工作，同时也为学校今后的教育信息化应用发展带来了宝贵的建议。

4. 以教师课堂教学为主阵地，开展各类教研活动

2017年，学校以一年一度的教师技能比赛为载体，一如既往开展各类听评课活动，既有新教师的过关课，又有教龄3年以上教师的优质课，也有学校学科带头人和骨干教师的示范课，最后是教师、领导们随机推门听课，还有正校长带头上公开课、录播课，带头录制微课系列活动。在校教师已经熟练使用"茂名云课堂"平台或微课、平板互动仪等先进的教学手段进行教学。通过听评课活动，教师们取长补短，提高了自身的业务水平，提高了教学质量。

学校始终认为，教育科研是提升教育质量的第一推动力。2017年，学校继续把教学与科研结为一体，在问题中找课题，在教室里找课题，在学生中找课题，形成了较好的研究氛围。

本学年在学校领导的正确指导下，在教师们的共同努力下，我校教师和学生取得斐然成绩。其中，由江滔滔老师和高凤娟老师辅导的学生参加第十七届广东省机器人竞赛获初中组银牌、小学组铜牌。另外，我校教师个人业绩获省、市级一、二、三等奖达50人次以上。

（四）德育为先，点滴渗透，提升学生综合素养

1. 创新德育模式，完善家校合作

学校摒弃的是只让班主任参与德育工作的传统观念，坚持"每一个教育工作者首先是德育工作者"的理念，实行德育导师制。它以"让每个学生都学会做人"为目标，形成全员育人、全科育人、全程育人的良好育人模式。学校成立以班主任为核心、任课教师为成员的导师组，在学习、生活、品德和心理方面为学生提供全方位、个性化的指导和帮助。要求每名导师每学期至少指导4名学生，每周与学生谈心至少一次，及时了解学生的思想状况，在学习时间、学习方法等方面帮助学生制订切实可行的计划；每月与学生家长联系，及时沟通，帮助和指导家长进行家庭教育；建立导师工作记录表，记录师生活动的全过程。德育导师制的实施，使得教师不再局限于关注学生的学习成绩，更注重学生的身心健康成长。定时召开教育信息化家长会和家校合作家长会，举行"家长进校园"等活动，主要是让家长了解学校教育动态，加强家校合作，让家长积极参与学校管理。

2. 坚持以主题活动为载体，保障学生参与积极性

2017年上半年，学校政教处和团委根据市教育局文件精神，结合学校实际，开展了丰富多样的德育活动。在"每天一个文明小故事"活动中，学生既可以展示自己，又能接受教育，从而保障了学生参与活动的积极性。学校还坚持开展班级文化环境设计比赛、每周之星、先进班、优秀学生、优秀学生干部、优秀团员、龙岭之星、优秀团干等评优评先工作，为学校德育工作创造良好环境，营造健康活力的成长氛围。

3. 做好学生心理健康辅导，促进学生身心健康发展

在学生心理健康辅导方面，学校一是落实班主任每月一次的集体心理健康辅导课和学生讲座，重点解决学生在行为习惯、青春期情感、处理同学关系等方面的问题；二是定期开放"语过心晴"心理咨询室，通过面谈、QQ、邮箱等方式对个别学生进行心理辅导，从而促进学生身心健康发展。学校被评为茂名市第一批"心理健康教育特色学校"。

4. 安全第一，警钟长鸣，创建和谐平安校园

学校领导高度重视安全工作，学校校长直接抓，分管副校长具体抓，政教处具体分工负责组织实施，对学生进行多方教育。建立安全保卫工作领导责任制和责任追究制，将安全保卫工作列入各有关处室的目标考核内容，并进行严格考核，严格执行责任追究制度，对造成重大安全事故的事件，要严肃追究有关领导及直接责任人的责任。签订安全责任书，学校与班主任及教师层层签订责任书，明确各自的职责，建立健全定期检查和日常防范相结合的安全管理制度，出现问题及时整改，对涉及学校安全保卫的各项工作，都做到有章可循，违章必究，不留盲点，不出漏洞。要求班主任每天做安全教育5分钟，星期五下午做安全教育半小时。进一步规范课间楼层师生值日工作，杜绝课间安全隐患。此外还发放"告家长书"，规范学生携带通信工具，排查学生骑机动车、飞车上学情况。

（五）循序渐进，建章立制，做好体育、艺术、卫生、后勤保障

1. 抓好后勤保障

学校加强食品管理，完善食品安全制度，努力提高服务质量和水平，让广大师生吃得放心。另外，学校进一步加大建设资金投入，对学校"活力园"进行建造美化。随着"活力园"的完工，校园环境将会更加朝气蓬勃。

2. 体育教学稳中求进

学校以发展学生身体素质、增强学生体质为基础，以培养学生的个人运动兴趣为目的。本着全面发展的教育目标，我校认真贯彻执行《国家体育锻炼标准》，着力推进素质教育，开展了第二课堂和兴趣小组活动。学校的体育运动水平和学生的健康水平不断提高，艺术教育初显特色。在学校体育工作中，我校做到体教结合，在按课程设置组织好体育教学的同时，积极开展阳光体育活动，做到每天活动一小时，合理安排初三级学生进行中考体育考试训练。做好小学组、初中组田径队员的选拔工作，认真做好田径队的训练工作，按训练计划认真训练。针对我校教师工作强度大、任务重的特点，学校领导精心组织了庆"三八"教职工文体活动，通过活动增强了广大教职工的集体主义感，达到了锻炼提高身体素质的目的。体育与健康课程教学工作顺利开展，学生合格率99.8%，优良率56%。同时加强了中小学生阅读和书写姿势纠正工作，使学生养成保持正确的坐姿等良好习惯。

3. 艺术教育不断突破

我校积极组织学生参加市各级各类比赛，美术科组努力开展特色剪纸艺术的教育和推广。我校重视特色教育建设，在创建特色教育学校的道路上，以艺术特色教育作为突破口。其中美术以剪纸为核心，辅以绘画、书画、摄影和手工制作；音乐以合唱为重点，同时发展学校管乐队、舞蹈队和校园剧团等。配合团委完成小学生"庆六一儿童节"艺术周活动，师生反映良好。

4. 卫生工作常抓不懈

学校高度重视各种流行病、传染病的预防工作，将防治工作纳入法制化、科学化和规范化的轨道，构建各种流行病、传染病预防管理与应急处理机制，积极采取有效措施，达到早发现、早报告、早隔离、早治疗的工作要求。学校全面贯彻落实食品卫生安全管理法律、法规。校医室积极配合市教育局和市疾控中心，健全学生卫生档案，及时做好常见病和传染病的防治工作。坚持开展晨检工作，搞好校园环境卫生，建立每天两小扫、每周一大扫的卫生检查、评比制度。多次开展灭"四害"活动。平时认真做好卫生工作，使学校环境舒适优雅。

体卫艺教学教研工作也落到实处，3人参加市直属说课比赛和教学设计评选活动，2人取得一等奖、1人取得二等奖1名，1人发表教学论文在《中国学校体育》国家级体育期刊。中考体育成绩斐然，体育考生体育成绩全部排在市直前列。

回顾过去的一年，我们虽然取得了一些成绩，但是也存在着一些不足：部分人员偏少的学科教研氛围还不是很浓厚，课堂教学效率离"高效"还有差距，练习训练的视野不够开阔，内容、方式比较单一；数学、英语分层走班教学的课题教学模式、同课异构活动开展不够深入，教学效果与平衡班比较还不够突出；政教处人员不足，工作经验欠缺等。今后要认真规划，攻克难点，不断提高工作各方面的层次与水平。

（茂名市龙岭学校 2017 年 7 月 3 日）

第六节 "提升教育信息化"行动计划

我校创办于2007年，学校年轻，教师年轻、学历高且现代技术应用熟练。经过8年的教学历练，教师在教育教学方面已经掌握了一定的技能，学校取得了较好的教育教学成绩。在过去的4年中，我校每年的中考的各项指标都名列市直属学校前列，先后荣获"全国文明交通示范学校""广东省书香校园""广东省安全文明校园""广东省现代教育技术实验学校""广东省平安校园""茂名市德育示范学校"等50多项市级以上荣誉。学校的办学质量，已经得到上级领导、家长和社会的认可。学校的信息技术硬件设施实现了班班通宽带，使用多媒体平台教学。我校利用现有的设施设备取得了理想的成绩。随着经济的发展，国家提出更高的教育信息化要求——建成"三通两平台"（三通：宽带网络校校通，优质资源班班通，网络学习空间人人通；两平台：教育资源公共服务平台、教育管理公共服务平台），培养创新型人才。根据广东省创建现代化学校的要求，2018年前全省要实现教育现代化。面对目前的教育形势，学校要在办学、教育、教学质量上有新突破，必须在信息化上有新突破，必须建成"校校通""班班通"和"人人通"，实现学生自主学习，个性化学习，早日实现教育现代化。

一、存在的主要问题有

（1）教师之间、师生之间和家校之间的交流方式较传统，没有充分利用现代技术手段为家校服务。

（2）我校还没建成"人人通"和教育教学资源平台，制约我校教育教学质量的提升。

（3）学生无法通过网络进行自主学习、个性化学习。

二、行动计划预备解决的问题

（1）解决全体师生教育观念、教育技术手段落后的问题。

（2）解决"三通两平台"中没完善的问题。

（3）解决家校互动中手段落后的问题。

（4）解决学生学习手段单一的问题。

（5）提升教育教学质量。

三、行动达到目标

1. 近期目标

（一个月）通过策划、分析、多方研讨，制订可行的实施方案，通过召开学校领导层会议、全体教职工会议、科级组会议、学生会议和家长会议等，取得共识，做好教育信息化建设的前期工作，包括硬件设施、教师培训、家长培训、课堂教学培训等。

2. 中期目标

（三个月）推动学校教育、教学和管理全面信息化。以办公自动化、网络化管理为基础，以无纸化办公OA系统、茂名人人通、茂名云教育为信息共享平台，以信息技术与学科教学有机整合为重点，以培训教师、家长，提升素质为切入点，使优质资源人人用，深化教育教学改革，探索"互联网+"时代的教育教学模式，提高学校办学质量，提高课堂教学效率，提高教师、家长配合度，提高学生信息技术素养（即创新精神和实践能力）等。

3. 最终目标

（半年）学校师生能够共享优质数字教学资源，促进义务教育优质发展；培养适龄儿童和青少年快捷、有效、健康地使用信息技术的能力，奠定他们自主学习、终身学习的基础。到2016年底，我校教育信息化整体建设水平迈进全市前列，充分凸显教育信息化优势，提升学校办学形象，建设成为教育信息化试点校和示范校，促进信息化教学应用能力全面提升，基本达到教育信息化和现代化水平。

四、实施步骤及具体实施

1. 宣传培训、前期建设

（1）任何一项工作的实施首先要从人的思想认识上做起，所以我们具体实施过程的第一阶段就是抓全体教师、学生及家长的思想认识。学校将定期组织开好三个会：校务工作领导会、全体教师会、学生家长会。通过三个会议，组织全体教师、家长了解国家对教育信息化的规划和政策，以及我校开展教育信息化建设的实施方案，使全体教师、学生家长达成共识，认识到教育信息化建设的重要性和必要性。同时，争取教育局装备中心的技术支持，分阶段分别对教师、家长和学生进行"人人通"使用培训，使教师、家长和学生都能熟悉和灵活地使用"人人通"和"云教育"平台等。

（2）加快"三通两平台"建设，升级教学平台、教师用机等，基本建成网络、资源和服务全覆盖的教育信息化公共服务体系。

2. 全面推进、实施阶段

（1）构建信息化学校德育教育模式。通过"茂名教育人人通学习平台"，开设便于家校联系的"朋友圈"，开办网上家长学校。学生家长可以通过"人人通"平台反映他们的意见和建议，使学校能及时掌握学生的家庭教育情况以及学校在工作和管理上的不足，争取家长对学校工作的理解与支持。班主任和德育导师进行网上"家访"，就学生情况与家长交流，随时发现问题、解决问题，方便快捷。欢迎家长参与学校管理，实现家校联教。

（2）加强校本培训，加快课堂与信息技术整合

① 定期组织全体教师学习现代教育论，更新教育理念，转变思想，自觉把现代教育论应用到教育教学过程当中。

② 多次组织全体教师学习"互联网+"时代的现代教育技术，培训基本技能，提高教师信息素养。通过培训，教师熟练掌握现代教育技术的使用，以满足信息化教学课堂的需要。

③ 利用"人人通"综合服务平台和"云课堂"平台，开展网络下的多媒体微课教研和培训，提高教师整体素质。搭建教师共同成长的平台，促进教师自主、合作和创新，实现教师专业化发展。

④ 在课堂上下功夫，在整合上做文章，逐渐达到无纸备课和网络环境下的

多媒体课堂教学。深入开展信息技术与学科教学整合及基于"云课堂"的教学资源库的开发与应用的教学研究，要求全体教师参与。以科组为单位，组织好研究课，定期撰写教学反思、教学案例、教学实录、论文等，搞好课件的制作、开发与应用，实现电子备课。学校定期举行信息技术与学科整合专题活动，催发各类达标课、研讨课、优质课、优秀论文、优秀电子教案和优秀课件等。

（3）管理信息化，办公高效化。充分发挥"人人通"综合服务平台和电子办公系统的作用，实现学校管理信息化。全面推行电子化管理，包括办公管理、教务管理、教研管理、考务管理、师生档案管理等。学校的通知、方案、工作计划等实行网上传阅，体现信息化的开放性、灵活性、互动性和环保性。校产、校务实行网络化管理，学校的各种规章制度在网上公布，教师可以随时查看，体现管理工作的透明、方便和快捷。

五、执行团队及具体分工

1. 分组改进计划

成立领导小组，校长任组长，下设办公室，负责行动改进计划的实施。

2. 团队分工

（1）为了确保我校信息技术平台硬件设备能够正常投入使用，使我校的教学信息化工作顺利开展，学校每学年投入一定公用经费用于本校信息化设施设备的维护管理。（王靖）

（2）制定信息技术设施使用登记制度、教师办公电脑使用责任制度和各班功能室教学设备使用与管理责任制。（曾庆欢）

（3）开展校本培训。（陈晓霞）

（4）建立学校教学资源库，并为每位教师建立独立登录学校教学资源库的账号和密码。（周园园）

（5）资源库收集，各科组长要定时完成教师资源库内的课件、教学论文、教学反思、教案、试题的收集工作，分类存放，为教师日常开展教育教学工作提供丰富的教学资源。（各学科组组长）

（6）尽快建成校园网站和利用"人人通"的系统功能，使其成为我校内部管理的平台、对外宣传的窗口、心灵沟通的桥梁、校本教研的园地，立足教师，服务教师，指导教学。（王靖）

（7）完成各类电子档案的归类整理。（陈敏玲）

六、评价、总结及完善

实施信息化后，通过多方评价，总结效果，根据反馈意见，做出调整方案。

（1）对比提升前后教育教学质量的改变。

（2）调查教师对提升教育信息化后的工作感想。

（3）调查家长对教育信息化建设的意见和建议。

（4）请专家和领导小组分析、评估效果，并做下一步的改进。

七、学校实施行动计划可能会遇到的问题与解决策略

1. 问题和困难

（1）资金投入较大，而且设备更新换代较快，持续的大量投入会使学校陷入困难。

（2）教师的传统观念牢固，要重新学习会增加工作量，教师可能会有抵触情绪。

（3）家长观念陈旧，可能配合不到位。

2. 解决策略

（1）成立领导小组，下设办公室，由教研室主任任办公室主任，解决实施过程中出现的问题。

（2）成立技术排查维修小组，负责技术中出现的问题。

（3）做好预算，争取上级专项资金的支持，并科学使用现有的经费。

（4）做好教师理念转型培训，通过走出去、请进来、互相学习、自学等形式，转变教师的观念，提高技能水平，以点带面，逐步推进。

（5）做好家长的培训工作，通过家长会、校讯通、致家长信等方式，改变家长的观念。

（6）多用"人人通"与家长沟通，充分显示信息化的优势，用事实说服家长配合做好相关工作。

（广东茂名市龙岭学校）

第十二章

引领学生健康成长

第一节 点燃希望 创造未来

——2017—2018学年度开学典礼讲话稿

尊敬的各位领导，亲爱的同事们、同学们：

大家早上好！

今天是2017年9月1日，是开学的第一天，我们在这里举行隆重的开学典礼，在此，我代表学校向教育局派张科长参加我校的开学典礼表示欢迎和感谢，向新加入龙岭的1000多名师生表示热烈的欢迎！炎热的暑假已经结束，清凉的秋风带来几分秋意。当你漫步在绿树成荫的校园时，像进入一幅如诗的画卷，你的心情会特别舒畅；当你进入园林式的活力园时，像进入美丽的公园里，心旷神怡；当你浸润在浓厚的校园文化长廊时，像喝了心灵鸡汤，精神特别清爽；当你走进龙岭现代化的课堂时，你会觉得师生之间的距离原来如此亲近，交流如此畅通；当你走进创客实验室时，你会发现原来世界这么精彩，你会觉得梦想可以在这里实现；当你陶醉在自己喜欢的校本课堂时，你会觉得学习可以这么个性化，可以做真实的自我。还有很多很多，所有的这些，不是故事，而是龙领学校的真实写照。

回顾过去，我校在市教育局的正确领导下，落实"全面发展乐成长，个性创新活成才"的办学理念，经过全校师生的共同努力，学校办出了自己的特色，创立了自己的品牌，教育教学成绩优异。今年的中考我校再创佳绩，各种竞赛成绩斐然。近年来，我校荣获全国首个"全国基于微课的翻转课堂研究创新示范学校"称号，教育信息化经验、校本课程经验在全国、省、市的各种培训会上分享，办学模式在省内外进行推广。副省长蓝佛安、市委书记李红军等省、市领导到我校进行调研和指导，都对我校的办学特色和成绩给予高度的肯定。省内外上百间学校近3000名骨干教师先后到我校学习取经，剪纸艺术曾在中国教育电视台黄金时段报道，我校田径运动队连续4年来荣获市直运动会总分四连冠。

新学年已经开始，我校将坚定不移地把提高教育教学质量作为重点工作，把教育信息化与教育教学深度融合，加快校园文化建设，全面推进素质教育，培养学生形成能够适应个人终身发展和社会发展需要的必备品格和关键能力。

好的开始，是成功的一半，在历史长河中，义务教育刚刚起步，在这个阶段，我们只有把基础打牢，才能在以后的人生中走得稳、走得远。为此，我向同学们提出四点建议。

1. 要有远大的理想

理想就像在大海航行时的航标，有了航标，就不会迷失方向。每个人都应该有理想，那样才能让自己活出高度，而不是碌碌无为。

2. 要养成良好的习惯

良好习惯成就美好人生。思想决定行为，行为决定习惯，习惯决定命运。良好的行为习惯是人一生的根基和资本。

3. 要定好有效的计划

制订计划是非常关键的，一个好的计划会在实施当中收获成功，一个不成功的计划会在制定完后逐渐失败，制订与实施是计划成功的关键。因此我们要制订一个有效的学习计划。

4. 要找到科学的学习方法

学习是任何人都可以掌握的技术，但想要取得良好的学习效果，除了努力学习实践之外，还需要掌握科学的学习方法。科学的学习方法需要同学们扎实地运用，用好就会事半功倍。那么，科学的学习方法有哪些呢？一要课前预习，做足准备。二要课后复习，及时巩固。三要激励自己，快乐学习。四要举一反三，知识迁移。五要劳逸结合，讲究效率。

　　站在新的起点，让我们继续发扬"努力拼搏，不断超越，追求卓越"的龙岭精神，践行"崇真、扬善、尚美、领先"的校训，展现我们在龙岭的精彩人生，共同创造龙岭的新辉煌！

　　谢谢！

（2017年9月1日）

第二节　科学启迪智慧，科技创造未来

——2016年科技节开幕式讲话稿

尊敬的老师、亲爱的同学们：

早上好！

2016年5月6日，教育部党组学习贯彻习近平总书记在知识分子、劳动模范、青年代表座谈会上重要讲话精神时指出：要以培养青年学生创新精神、实践能力和社会责任感为重点，深化教育教学改革，引导学生如饥似渴、孜孜不倦地学习创造，砥砺品格，磨炼意志，增强本领，成为党和人民事业的合格建设者和可靠接班人。"科学启迪智慧，科技创造未来"，为全面贯彻实施党的人才培养战略，培养同学们创造精神与实践能力，在校园内掀起一个学科学、爱科学、用科学的热潮，2016年茂名市龙岭学校科技节系列活动将于今天正式拉开精彩的帷幕。

为了使本届科技节能顺利进行，取得更加辉煌的成绩，我代表学校向全体师生提两点希望：

（1）希望全体师生统一认识，精心组织，积极配合。要求每个年级、每个班级服从学校的统一安排，按照计划积极行动起来。只有上下一致、思想统一才能使本次科技节顺利进行。科技节是我校校园文化建设的一道亮丽风景线，是实施素质教育的有效途径，科技节中的各项活动都是学校各学科领域教育教学的延伸，是一堂大的实践课。让我们牢记这一使命，精心策划、精密组织，一起来上好这堂大的实践课。

（2）希望全体同学积极踊跃地投身到科技节的各项活动中去，用你们充满智慧的大脑、灵巧的双手去创造，去发现，去探索知识的奥秘，去攀登科学的高峰。"唯有创造才是快乐的"。同学们，科技节这个平台是多彩的，是丰富的，只要你们敢想、勇于探索、勇于实践，你们的聪明才智就会得到充分的发挥，你们的潜力就会得以尽情地释放。我希望每个人都能通过科技节的各项活动受益，得到锻炼，得到成长。

老师们、同学们积极行动起来吧！希望你们用热情去点燃科技圣火，用智慧去创造精彩生活！

最后预祝本届科技节取得圆满成功！

谢谢大家！

（2016 年 5 月 9 日）

第十三章

成果与分享

第一节 学校的荣誉

在九年一贯制学校高效管理的探索与实践中，几年来，学校的发展实现了质的飞跃，荣获丰硕的集体荣誉，这些集体荣誉，不断激励学校向更高层次发展（见表1）。

表1 茂名市龙岭学校近几年所获得市级以上荣誉汇总表

序号	年份	等级	荣誉
1	2015.02	省级	广东省"百系列"学校德育优秀成果三等奖
2	2015.09	市级	茂名市平安校园
3	2015.11	市级	局直属学校中小学田径运动会体育道德风尚奖
4	2015.11	市级	局直属学校中小学生田径运动会初中组团体总分第一名
5	2015.12	市级	培育和践行社会主义核心价值观学校示范点
6	2016.03	市级	2015年茂名市教育系统宣传工作先进单位
7	2016.05	市级	2016年茂名市直属学校小学生文艺汇演二等奖
8	2016.05	市级	2015—2016年度茂名市少先队"优秀红领巾小社团"
9	2016.05	市级	2015—2016年度茂名市少先队"红旗大队"
10	2016.07	市级	茂名市教育局直属学校先进基层党组织
11	2016.08	国家级	全国基于微课的翻转课堂创新研究示范学校

序号	年份	等级	荣誉
12	2016.08	省级	广东省2016—2017年度青少年维权岗
13	2016.11	市级	局直属学校校园足球联赛暨"市长杯"足球预赛小学男子组第六名
14	2016.11	市级	局直属学校中小学生田径运动会初中组团体总分第一名
15	2016.12	市级	小学"童心向党歌满校园"合唱比赛暨中学合唱比赛小学组一等奖
16	2016.12	市级	校园安全管理工作先进单位
17	2016.12	市级	茂名市义务教育阶段特色学校
18	2016.12	市级	2016年茂名市教育局直属中小学合唱比赛小学组一等奖
19	2016.12	市级	茂名市中学第二十届"协作杯"田径赛初中组团体总分第二名
20	2017.03	市级	2016年茂名市教育系统宣传工作先进单位
21	2017.05	市级	2016—2017年度茂名市五四红旗团（总）支部
22	2017.05	省级	第十七届广东省青少年机器人竞赛初中组银奖、小学组铜奖
23	2017.06	市级	茂名市中小学心理健康教育特色学校
24	2017.11	省级	第五届广东省虚拟机器人比赛初中冠军、亚军，小学亚军
25	2017.11	省级	广东省特色课程方案二等奖，特色教材一、二、三等奖
26	2017.12	省级	广东省中小学教师信息技术应用能力提升工程示范校
27	2018.3	省级	广东省基础教育研究实验基地学校
28	2018.4	国家级	基础教育信息化应用典型示范案例学校
29	2018.8	省级	广东省信息化中心学校
30	2019.3	省级	广东省财经素养教育实践研究课题学校
31	2019.6	市级	茂名市"优秀基层党组织"

第二节 立足教育抓党建，抓好党建促教育

——2017年茂名市教育系统党建工作优秀代表发言稿

尊敬的各位领导，各位同行：

大家好！

我今天发言的题目是：立足教育抓党建，抓好党建促教育。

2017年在市委教育工委和市教育局党组的正确领导下，我校党支部以毛泽东思想、邓小平理论、"三个代表"重要思想、科学发展观和习近平新时代中国特色社会主义思想为指导，认真贯彻落实党的十八大、十九大精神，紧紧围绕"立足教育抓党建，抓好党建促教育"的思路，以党建统领全局，不断深化"两学一做"学习教育，切实加强学校党支部组织建设、制度建设、作风建设、党风廉政建设，收到良好的效果。现就2017年度党建工作总结汇报如下。

一、主要成绩

2017年，以党建统领全局，促进学校全面发展，取得了优异的成绩，主要集体荣誉有：全国基础教育信息化应用典型示范案例学校，全国基于微课的翻转课堂创新研究示范学校，广东省基础教育基地实验学校，广东省教师信息化提升工程示范学校，广东省中小学特色课程优秀成果二等奖，广东省中小学特色教材优秀成果一、二、三等奖，市直田径运动会连续四年荣获初中总分第一名，"市长杯"足球赛市直学校预选赛初中男子组荣获冠军，小学男子组荣获亚军，合唱团连续三年荣获一等奖。教师参加全国"一师一优课"大赛、微课大赛，获得市级奖励21次，省级奖励18次，国家级奖励8次，是茂名市获奖最多

的学校。

二、主要做法

1. 强化理论学习，提升党员教师政治素养

学习是提升个人素养的基本途径，学校党支部始终将理论学习当作支部重要工作常抓不懈，使每位党员真正做到政治过关、思想过硬、能力过人。开展"坚守信仰信念，增强规矩意识""发挥党员作用，勇于担当作为"等主题的党员生活会，增强党员意识和责任意识。

2. 加强制度建设，构建科学党务管理机制

为进一步加强制度建设，形成以制度管人的科学管理机制，使学校党建能更好地服务于教育教学工作，学校充分发挥党支部的政治核心作用，完善学校的议事制度，凡是涉及学校发展规划、学校计划、人事调动、人事调整、职称评定、基建、大型设备的购置处理、大额开支等均通过党支部支委会讨论决定。

3. 严抓作风建设，确保各项工作认真落实

通过树立先进典型，大力营造热情谦和、奋发有为、廉洁从教的校园氛围，积极推进校务，政务公开，加强法律监督和群众监督；进一步规范领导干部的从政行为；开好党员民主生活会，进一步查找自身不足，不断警示每个党员领导干部廉政、勤政。

4. 夯实师德建设，打造德才兼备的师资队伍

一是落实贯彻立德树人的根本任务。党支部通过收看魏书生、王金赞等优秀教育家的事迹报告和模范教师的先进事迹，学习身边的模范教师，开展师德讲座、征文、报告会、座谈会以及组织"献爱心"、全体教师签订《师德师风个人承诺书》等活动，使教师逐步增强师德观念和敬业精神。二是设立党员示范岗，树立先进典型，带动全校教师的师德建设。全校6个党小组每个党小组都挑选3名优秀党员，学校党支部在年初授予他们"党员示范岗"牌匾，并提出六大要求，到了年末进行考核，对合格的优秀党员给予奖励，第二年继续颁发牌匾，不合格的撤销牌匾。三是做到奖惩分明。对在不同岗位上师德表现突出的教师，分别设立了多项表彰评定，每学年评定先进班主任、优秀教师、年度优秀党员、龙岭教师之星、师德标兵等。职称评定、年终评优、晋升工资等都与

教师的师德表现挂钩，让师德和能力皆优者得到优先考虑。

5. 创新党建思路，增强党建效果

学校党支部通过创新党建思路，创建"党建+互联网"品牌。一是利用互联网加强党建阵地建设。在学校网站上开辟党建专栏，利用微信、微博、微宣讲员等新媒体宣传党建工作，掌握党建舆论方向，牢牢把握党员干部的政治思想方向。二是推进教育信息化，构建高效智慧课堂。为了积极推进教育现代化，党支部不断进行教育教学改革，通过云课堂，大数据和云计算等先进的信息技术，精准掌握学生的学情，做到因材施教，构建高效的智慧课堂。

三、存在问题与努力方向

取得成绩的同时，我们在实际工作中仍然存在一些问题，如个别党员对自身的要求不高，在工作中党员干部的先锋表率作用体现不足等，还有待进一步改进。

今后的工作中，我校党支部将继续加强党建工作建设，让党支部在学校的各项工作中起到领导核心作用，党员干部做到干字当头、问题导向、重点发力、以上率下，为我市"创建广东省教育先进市"和"双创"工作贡献自己的力量。

（2018年3月13日）

附件1:

全国教育管理信息化建设与应用培训班做报告邀请函

教育部教育管理信息中心函件

全国教育管理信息化建设与应用培训

邀 请 函

广东省茂名市龙岭学校:

我中心定于 2018 年 4 月 25-26 日（4 月 24 日报到）在广东省深圳市开展 2018 年第一期全国教育管理信息化建设与应用培训。特安排你校介绍案例"破解教育信息化困境，创建'互联网+'智慧校园"，时长 50 分钟，并准备 PPT 演示文稿。需你校郑明祥同志出席本次培训并做报告，请予支持。

联系人：金童童　010-66097906　13901186790

教育部教育管理信息中心
2018 年 4 月 16 日

附件2:

广东省培训班做报告证明

广东省教育技术中心

证明

茂名市龙岭学校:

我中心于 2018 年 9 月 19-20 日开展了广东省教育技术中心 2018 年信息技术与教育教学深度融合应用推广第一期培训,贵单位郑明祥同志作为学校代表发言.

特此证明.

广东省教育技术中心

2018 年 9 月 26 日

第十四章

引领与辐射

第一节　广西梧州市教育局一行
到茂名市龙岭学校参观交流

2017年3月17日，在茂名市教育局党组成员、副局长李挺和直属学校管理科科长陈凌锋的陪同下，广西梧州市教育局副局长唐棣带领领导班子及直属学校校长一行20人，到龙岭学校参观交流，为茂名市和梧州市的教育互动着墨增色。

在惠风润雨中，龙岭学校党支部书记、校长郑明祥带领班子成员热情接待了学习交流团。郑明祥校长详细介绍了学校围绕"真、善、美、先"为主题的校园文化，着重解释了"先"字体现的领先理念，并引导学习交流团参观了学校录播室、创客实验室、机器人打印区、VR体验区等一系列信息化设备设施，观看了科技社团的现场展示。随后，学习交流团分别到智慧教室、手机班、平板班、英语同课异构等展示班级进行听课，深入考察信息化课堂，体验信息化教学的实效。

两市教育局在会议室进行座谈交流。会上，李挺副局长和唐棣副局长分别介绍了两市的教育情况，郑明祥校长详述了龙岭学校在办学理念、信息化建设、文化建设等方面的经验。双方对两市的教育发展思考良多，反应热烈，并就教育信息化的应用展开了互动交流，特别关注和讨论了手机班的运作和管理问题。

图1 广西梧州市中学信息技术与通用技术骨干教师学习培训班合影

此次交流，促进了茂名市和梧州市教育经验的共享，两市通过智慧联合，必将为合作交流打开更为广阔的前景。

第二节 河北省唐山市开滦第十中学
到茂名市龙岭学校参观交流

"有朋自远方来，不亦乐乎。"2018年3月22日，河北省唐山市开滦第十中学姚立伟副校长带领骨干教师到访茂名市龙岭学校，两校领导和教师代表就学校管理、课堂教学、文化建设等多个方面进行了深入交流。

龙岭学校郑明祥校长等领导热情接待了来访团，并陪同来访团先后参观了学校的校史室、国学文化长廊、剪纸文化空间、智慧教室、VR创客空间、数据中心、3D仿真实验室、地理科学室等。来访团对龙岭学校的创客教育、教育信息化应用、校园文化建设等倍感惊讶，高度评价学校的科学管理和学生的文明行为，对龙岭学校办校十年来取得的辉煌成绩更是表示敬佩和赞赏。

其后，郑明祥校长陪同来访团深入学校教学区进行参观并进入教室听课。来访团亲身体验了学校的平板、手机智慧课堂，深深叹服教育信息化带来的高效课堂，表示在震惊之余更是大开了眼界，长了见识，并高度赞扬了学校教师团队的先进教学理念和教学方式。

下午，两校领导和教师代表在学校会议室进行了深入的交流。郑明祥校长展示了云课堂的后台大数据，教师的教学资源数据和学生的学情等。接着，来访团观看了学校教育信息化、特色课程等教学实录。郑明祥校长指出，两校虽然在学生学情、学生管理等多方面存在着差异，但两校的目标是一致的，都是办让人民满意的教育，为社会培养更多的优秀人才，彼此各有特色和优势，值得互相学习。姚立伟副校长再次肯定了龙岭学校在校园文化建设、教育信息化建设等方面取得的辉煌成果。他认为茂名市龙岭学校办学目标明确，目光远大，能紧跟时代的步伐，及时抓住机遇，教育现代化已走在了全国领先行列，龙岭学校的经验对于开滦第十中学有着很大的借鉴意义，希望日后彼此能更多地交流，相互促进，共同进步。

活动在轻松愉快的氛围中结束，本次活动不仅加强了省际学校间的交流，而且对促进两校之间的办学优势互补、取长补短有着重要的意义。

图1　河北省唐山市开滦十中领导到学校参观学习

第三节　推进教育现代化，加快信息化
时代教育变革

——南宁市教育扶贫县中小学学科教师到茂名市龙岭学校参观学习

为进一步推进教育现代化，提高教师教育技术应用能力和信息化教学水平，2019年6月26日下午，南宁市教育扶贫县中小学学科教师到茂名市龙岭学校学习培训。茂名市龙岭学校党委书记、校长郑明祥带领校务人员热情地接待了来访的教师们。

来自南宁市的培训班学员们满怀期待地参观了学校的美术作品展、文化长廊、校史室、VR创客实验室、3D仿真实验室和STEAM梦工场，在了解了学校的各项办学成果、感受了学生丰富多彩的校园生活、认知了独具特色的办学及教育教学理念、接触了先进信息化的教学设备后，到访学习的教师们无不为之惊叹。面对新奇的信息技术化教学设备，培训班的学员带着自身的疑惑与感受和在场的教师进行了深入的交流，并纷纷迫不及待地体验了一番，进一步真实地感受到了信息化教学的魅力。

随后，郑明祥校长在学校的会议室为来访的教师们就"信息化时代学校如何推进教学现代化"这个问题做讲座，主要围绕教育信息化的重要性和怎么做这两方面展开。郑明祥校长根据《中国教育现代化2035》任务的精神指示，强调了必须加快信息化时代教育变革，推动教育组织形式和管理模式的变革创新，以信息化推动教育现代化。教育优质化、普及化、公平化、终身化和创新服务能力反映了教育现代化的主要内涵，教师队伍专业化、治理现代化、信息化、国际化是教育现代化的重要支撑。

郑校长还指出推进教育现代化，要创新教学模式，正确处理教与学之间的关系，发挥教师的主导作用，尊重学生的主体性。他重点介绍了新时代下"翻转课堂"的教学模式，通过"先学后教"的教学方式，充分地调动了学生的学习自觉性和独立性，让学生在自主学习、合作探究等环节中学习，大大地提高了学习效率。

通过这次参观学习，南宁市教育扶贫县中小学的学科教师们表示此行自己有很大的收获，对教育信息化有了更深刻的认识和体会——实现中国教育现代化，须以信息化推动。

图1　广西南宁市教育扶贫县中小学学科教师到茂名市龙岭学校学习培训

第四节　梧州一中考察团到茂名市龙岭学校交流

2017年5月17日上午，广西梧州一中考察团在其副校长曾茵的带领下前往茂名市龙岭学校参观交流。茂名市龙岭学校党委书记、校长郑明祥，副校长陈铁平、谢华建带领学校领导班子成员热情接待了考察团。

郑明祥校长首先向考察团介绍了学校的办学理念和校训文化，并带领考察团参观了学校的校园文化建设。面对学校浓厚的书香氛围和文化底蕴，考察团连声称赞。

随后，考察团参观了学校的录播室、智慧教室和创客实验室。在VR体验区，考察团体验了一番"遨游海底"的神奇，感受了虚拟空间的曼妙。在3D打印区，考察团了解了3D作品的打印原理和打印过程，欣赏了学校师生的3D打印作品。

接着，考察团深入龙岭学校教学班级，切实体验学校手机教学班、平板教学班的上课模式。

最后，梧州一中考察团和龙岭学校部分教师到多功能会议室进行交流。郑明祥校长表示学校教育信息化应用与课堂教学的深度融合，使学校的教学质量上了一个台阶。教研室副主任陈晓霞向考察团介绍了"茂名云课堂"的功能与作用，并详细展示了"备课""组卷"的过程。在交流环节，两所学校的教师分科组就"手机实验班情况""校本课程开展""分层教学"等方面的内容进行了讨论，现场气氛热烈，教师们各抒己见，畅所欲言。

梧州一中考察团的到来，分享了当地教育的理念和经验，使两地今后的教育合作、资源共享更为密切和广泛。

第十五章

社会影响

第一节 《中国教育报》报道我校 教育信息化情况

——推进教育现代化的"茂名路径"

信息化让学校跳上"云端"（节选）

茂名市龙岭学校为该校初一年级4个班每名学生配备了一个全天候的"家庭教师"——手机。这些手机由社会企业捐赠。

在教师讲解《三峡》这篇文言文的前一晚，初一（10）班学生用手机登录"茂名云课堂"平台进行预习，并做了随堂练习。第二天，语文教师刘粤霞根据学生们的学习、练习完成情况，有针对性地查缺补漏。

龙岭学校校长郑明祥介绍说，该校利用公益资源，不但打造了手机班、平板班，还建了精品录播室、云课堂教室和7个智慧教室。目前该校100%的学生利用信息化平台自主学习，与教师互动；教师90%以上的备课、布置作业、交流讨论活动，利用"茂名云课堂"完成。

龙岭学校还利用"人人通"平台，对学生开展"感恩妈妈，作业随手拍"等德育、安全教育活动。2016年2月，该校通过"人人通"平台，发起对白血病学生患者吴子涵（化名）的爱心捐助，3天就募集超15万元善款。

第二节 《教育信息技术》期刊
《人物访谈》栏目

破解制约学校教育信息化发展的"痛点"
——访茂名市龙岭学校郑明祥校长

教育信息化的高速列车已经启动，无论你上不上车，它都会高速前进。

访谈者：尊敬的郑校长，您好，非常感谢您接受本次专访。2017年，贵校入围全国基础教育信息化应用典型示范案例学校。请您结合学校的办学理念谈谈教育信息化对学校的整体发展起到哪些作用。

郑明祥：我校的办学理念是：全面发展乐成长，个性创新活成才。"全面"包含两层意思，一是指学校、教师、学生等主体的全面；二是指主体得到全面的发展。"乐成长"是指教师、学生在身体、心理等方面都能健康成长；"个性"是指学校有特色、教师有专长、学生有特长，都有个性化的发展；"创新"是指学校不断改革创新，教师勇于开拓进取，学生善于发现新问题、新规律，培养创新创造的精神和能力；"活成才"包含两层意思，一是不死读书，找到适合自己的学习方法；二是指鼓励学生根据自己的兴趣爱好在各行各业都能成才。整个理念也有先成长、再成才之意。教育信息化对学校来说，首先促进了我校改革创新向智能化发展，我校建设"互联网+"智慧校园，形成学校的特色，做到资源共享，实现精准管理；其次，有效促进了教师的专业化成长，改变了教师的教学方式，如利用"云课堂"等智能化的教学方式，更加精准地掌握学情，做到因材施教；再者，改变了学生的学习方式，使学生学习更加自主化和个性化，如利用"云课堂"的大数据分析，学生可以精准掌握自己的优势和不足，有利于培养学生发现问题、分析问题和解决问题的能力。

访谈者： 据了解，在此之前，学校在探索教育信息化的道路上，遇到了发展的"痛点"，请您具体谈谈"痛点"表现在哪。

郑明祥： 教育信息化之路并不是一帆风顺的，也碰到了一些困难，主要表现为：第一是基础薄弱。2013年8月，我市正在开展创建广东教育强市工作，创强标准中教育信息化的指标尤为突出，要求建成"三通两平台"，对学生的电子终端比例有一定的要求。然而，当时我校的教育信息化设备普及离创强标准还有很大的差距，如教室没有固定的电脑设备，学生没有智能移动学习终端，师生没有实名制的学习空间等。第二是教师反对。2014年初，我校领导在校务会议上提出要提高学校的教育信息化水平，全面应用教育信息化。当时，就有部分领导质疑。在做教师调查的时候，大多数教师或是担忧或是反对。由于学生的自控力差，教师担心一旦允许学生带平板或手机回校上课，可能会出现学生染上"网瘾"或沉迷电子游戏等问题，会给教师课堂管理带来很大的压力。第三是家长担心。随着互联网时代的到来，智能手机和平板电脑在改变了我们生活方式的同时，也不可避免地对学生产生了很大危害。各种媒体常报道某某学校某某学生沉迷电子游戏或染上网瘾，不肯学习、不思进取，造成这个学生前途尽毁。所以，很多家长都持反对意见。第四是资金不足。搞教育信息化，没有资金是让学校想都不敢想的，当时，我校每年的经费只有100多万元，这点钱只能用于学校的日常运转，很难再抽出资金去搞教育信息化了。

访谈者： 为了破解制约学校教育信息化发展的"痛点"，请您谈谈在教育信息化方面做了哪些努力。

郑明祥： 为了破解制约学校教育信息化发展的"痛点"，我校主要采取了以下措施。首先是加强硬件建设。2014年我市全面建成"人人通"个人学习空间、"云课堂"优质资源平台和公共服务平台，解决了"三通两平台"的"一通和两平台"建设。我校对照标准，争取到了上级批准的100万元经费，用于班班通和校校通网络建设，给每个班配备带有互动仪的平板与电脑，给100名教师每人配备了一台手提电脑。从此，打开了我校教育信息化的新局面。我校全面建成和使用"三通两平台"，改变了原来的教育教学和管理方式。"三通两平台"为教师提供了精准学情，使教师备课和教学更具有针对性，打造了高效课堂；为学校提供了有效的教学大数据，减少了教育教学改革的决策失误，提高了管理效率。此后，我校每年不断完善信息化建设。目前，我校已经实现了百兆光纤宽带班班通，无线WiFi校园全覆盖，建成精品录播室2个、VR创客实验室1个、未来教室1个，所有教师人手一台手提电脑，基于"云课堂"的翻转课堂已经在全校教学中常态应用。其次是分层培训。要全面推进教育信息化，就要理念先行、技术过硬、持之以恒、保障有力。为了做到这些，我校进行了分层培训。首先，对教师进行培训。先派出几名骨干教师外出参加相关的培训，回来分享心得，进行宣传预热，营造氛围，再请相关专家到校对全校教师进行培训，最后进行校本培训，边学边做，边做边提高，使全校教师的教育教学理念得以更新，信息技术水平得到提高。其次，培训家长。对家长进行体验式的培训，让家长体验到信息技术给教育带来的诸多好处，让家长明白只要我们利用得好，互联网和手机也不是想象的那么糟糕。再次，对学生进行培训，引导学生树立远大理想，利用信息技术为自己的学习服务，使它成为自己最亲密的老师。同时，自觉抵制不良诱惑，远离游戏。最后，是以点带面。教育信息化是一个新事物，为了保证效果，在推进的过程中，要做到以点带面，稳步推进。第一步，实现无纸化办公，高效环保，强制领导接受和应用。第二步，推广使用"人人通"。我校给所有的教师、学生和家长都开通"人人通"个人学习空间，师生和家长利用手机进行家校互动，在个人空间上布置德育作业，改变德育方式和家校互动方式，让师生和家长初步感受信息化带来的便利。第三步，设立"云课堂"实验班。2014年，茂名市教育局采购了6个班额的平板电脑，用以建设智慧课堂实验班，之后，给我校一个实验班配备了设备。我校首先在当时的初一年级挑选成绩中等的一个班作为前期实验班。经过一个学期的实验，这个班的成绩指标跃升到了全级的第一名。到2015年，我校把实验班扩大到3个，经过一个学期的实验，这些班的成绩都有不同程度的提升。到2016年，我校在初一年级全面展开基于云课堂的智慧课堂教学，由学生自主选择学习方式，自带平板，其中90%的学生及家长选择了基于云课堂的智慧课堂。2017年，我校动员全体学生选择基于云课堂的智慧课堂教学方式，继续推进和完善智慧课堂建设。

访谈者：学校在机制体制上有哪些保障？

郑明祥：为了顺利推进教育信息化，我校在机制体制上建立了长效机制：①我校成立了领导小组。为了保证教育信息化顺利推进，我校于2014年9月份成立了教育信息化领导小组，校长担任组长，副校长担任副组长，下设信息中心办公室，由教研室主任兼任办公室主任，负责推进教育信息化建设，信息技术科组教师和各科组长组成办公室成员，把推进教育信息化应用作为学校的重点工作、一把手控。②我校制定了实施方案。为了有序和科学推进教育信息化进程，我校制定了可行的实施方案。方案有定目标、分步骤、明责任、讲实效，把教育信息技术的学习作为继续教育的必修内容，把推进教育信息化应用的成效与教师的评先、评优和职称、职务晋升等挂钩，激励全体教师在教育教学中应用信息技术，做到目标明确，思路清晰，责任到人，效果明显，为推进教育信息化制定了清晰的线路图。③我校注重总结表彰。教育信息化的不断推进，没有可行的经验借鉴，我校只能摸着石头过河，举步维艰。在这个过程中出现了较多的问题，我们要求教师不断地总结、反思，撰写心得，编印成书，供大家互相学习。同时，每年都对在教育信息化方面做出突出成绩的教师进行表彰，让他们有更多的机会外出学习。

访谈者：在探索教育信息化的实践中，您有哪些经验分享？

郑明祥：我谈四点体会：①教育信息化并不是洪水猛兽，信息时代，我们要顺应时势，好好地利用它为教育服务；②教育信息化必须是一把手工程，把它纳入学校的重点工作；③要形成长效的保障机制，保证教育信息化的实施和成效；④教育信息化硬件建设要量力而行，重点在于全面的深化应用。

访谈者：在今后的信息化发展道路上，将有哪些新的思考和实践？

郑明祥：我校的信息化应用虽然已经达到了一定的水平，覆盖了学校的方方面面，但只是停留在建设和应用的表面。我校以后还会在优质资源库与人工智能的融合建设方面加大研究和开发，完善现在的"云课堂"优质资源和大数据平台，使学校管理更加智能化，便于教师的精准辅导和个性化教学，使学生的学习更加人性化、自主化和个性化，充分挖掘学生的潜能，培养学生的创新思维和创造能力。

《教育信息技术》2018年第7、8期《人物访谈》栏目

图1　中国教育电视台采访郑明祥校长

图2　茂名电视台多次采访报道郑明祥先进事迹

参 考 文 献

［1］陈玉琨.教育为了生命的幸福成长［M］.上海：华东师范大学出版社，2012.

［2］陈玉琨.卓越校长的追求［M］.上海：华东师范大学出版社，2015.

［3］李建平.中国教育寻变——北京十一学校的1500天［M］.北京：教育科学出版社，2015.

［4］闫德明.如何创建学校特色若干典型案例评析［M］.天津：天津教育出版社，2012.

［5］周峰.创建优质学校［M］.天津：天津教育出版社，2012.

［6］王剑.制度才是真正的老板［M］.成都：成都时代出版社，2014.

［7］教育部：国家中长期教育改革和发展规划纲要（2010—2020年）［EB/OL］，2010.

［8］周素娜.教育信息化环境下基于主体间性的基础教育课堂教学模式探析［J］.中国教育信息化，2011（16）：10—14.

［9］张萍，张文硕.翻转课堂的理念、演变与有效性研究［J］.教育学报，2017：13.

［10］桂清扬.学习的未来：从数字学习到移动学习［J］.全球教育展望，2002（12）：49—51.

［11］胡德维.大数据"革命"教育［N］.光明日报，2013-10-9（5）.